Thomas Bauer

»Möge Allah dir Flügel verleihen«

Per Liegerad durch die Türkei

Viel Spaß beim Lesen wünscht

Drachenmond Verlag

Copyright Text © 2013 by Thomas Bauer
Copyright © Erstausgabe 2014 by

DRACHENMOND VERLAG

Astrid Behrendt
Rheinstraße 60
51371 Leverkusen
http: www.drachenmond.de
E-Mail: info@drachenmond.de

Satz, Layout, Umschlaggestaltung:
Astrid Behrendt, Leverkusen
Illustrationen: Mark Hobert
Druck: Euro PB, Tschechien

ISBN 978-3-931989-89-7
Alle Rechte vorbehalten

Aus literarischen Gründen wurden manche Namen und Gegebenheiten in diesem Buch abgeändert.

Mehr über Thomas Bauer:
www.literaturnest.de

Für Dagmar,
die auf all meinen Reisen dabei ist

Reisen ist tödlich für Vorurteile.

Mark Twain

Inhalt

KAPITEL 1 9
Das Genie von Milas und der Würgegriff der Berge:
  Mit Go-Kart-Fahrgefühl durch die Ägäis

KAPITEL 2 59
Die Königin von Kaş und die feuerspeienden Chimären:
  Achterbahnfahrt durch Lykien

KAPITEL 3 87
Der Feingeist von Side und das verschlafene Opferfest:
  Tagträume an der Türkischen Riviera

KAPITEL 4 123
Der Lebenskünstler von Ovacık und die Eroberung einer windumtosten
Burg: Mit grimmiger Lust durch Kilikien

KAPITEL 5 147
Der Wohltäter von Kızkalesi und das Molekül in der Metropole:
  Gefühlschaos in der Çukurova

KAPITEL 6 163
Ein zorniger Freund und das wilde Kurdistan:
  Ankunft im Hatay

Nachtrag 195
Die Fahrt nach İstanbul

KAPITEL 1

Das Genie von Milas und der Würgegriff der Berge:
Mit Go-Kart-Fahrgefühl durch die Ägäis

Mit unerschütterlicher Höflichkeit stellen zwei Hotelangestellte einen mannshohen Karton vor mir ab. Sein Inhalt erinnert an komplizierte Regalvorrichtungen von Ikea. Ich grabe in der Füllmasse und fische einen Reifen, der von einem Kinderrad stammen könnte, heraus. Ein dünnes Kabel führt von ihm in das Schaumstoffgewühl hinein. Vorsichtig ziehe ich daran und fördere auf diese Weise zwei weitere Reifen nebst Schutzblechen und einen pechschwarzen Rahmen zutage. Jetzt fehlen nur noch zwei Pedale und ein kunstvoll gebogener Lenker, der an Science-Fiction-Filme denken lässt. Unter den wachsamen Blicken der beiden Bediensteten breite ich meine Schätze auf dem Rasen des hoteleigenen Gartens aus.

Über mir steuern Flugzeuge im Minutentakt den nahen Flughafen von İzmir an. Von allen Seiten brandet die Dreimillionenstadt an die kleine Gartenoase. Busfahrer hupen sich von Ampel zu Ampel, Polizisten pusten in Trillerpfeifen, Verkäufer wetteifern um Kunden. Noch bin ich ein kaum wahrnehmbares Element in all diesem Wirrwarr. Noch gehen die Bewohner İzmirs ihren Geschäften nach, ohne mir allzu viel Beachtung zu schenken. Doch mit jeder Schraube, die ich anziehe, mit jedem Bauteil, das ich meiner Konstruktion hinzufüge, werde ich für sie interessanter.

Mithilfe eines Taschenmessers, zweier Zangen, vier Sechskantschlüsseln und einer Luftpumpe kreiere ich ein ungewöhnliches Gefährt. Sein höchster Punkt reicht mir knapp übers Knie, dafür ist es stolze zweieinhalb Meter lang. Anmutig erscheint es, das dreirädrige Liegerad der tschechischen Firma AZUB, als es schließlich formvollendet in der Sonne glänzt. Als habe mein Vorwärtsdrang Gestalt angenommen.

Die Hotelangestellten sehen dies ähnlich. Hektisch sprechen sie in ihre Mobiltelefone. Abwechselnd fotografieren sie das seltsame Dreirad unter Ausrufen des Erstaunens und Entzückens. An diesen Umstand würde ich mich gewöhnen müssen. Noch kommt mir die Aufregung reichlich übertrieben vor. Immerhin sieht man windschnittige »Trikes« wie dieses in Deutschland immer öfter auf den Straßen herumflitzen.

In der Türkei hingegen nicht. Als ich mit meiner Errungenschaft um die Ecke biege, um eine erste Probefahrt zu wagen, springen weitere Angestellte aus dem Hotel heraus. Sie bilden einen Halbkreis um mich herum, zeigen mit dem Finger auf mich, lachen und tuscheln aufgeregt und wollen unbedingt den Lenker, die Bremsen und das Licht meines Gefährts testen. Es ist ein seltsamer Chor, der mir da so spontan mein erstes türkisches Ständchen singt; eine Choreografie, die ich nicht durchschaue. Ratlos lächele ich in die stetig wachsende Menge hinein. Irgendwann ruft der Chef sie ungehalten ins Hotel zurück.

Ich radele los und merke während meiner Probefahrt erleichtert, dass ich gut vorankomme. Dabei werde ich von allen Seiten begafft, angesprochen und fotografiert. Ich beschließe, auch dies mit Erleichterung zu verbuchen: Als Blickfang werde ich im Straßenverkehr auffallen. Um diesen Effekt noch zu vergrößern, kröne ich das Liegerad mit einem Fahnenmast, an dessen Ende ich einen knallroten Wimpel befestige. Dann ziehe ich ein paar letzte Schrauben nach und parke das Trike im Gepäckraum des Hotels. Es füllt ihn zur Gänze aus.

Vom Fahren im Liegen und den Marktschreiern der Angst

»Gehst du Türkei oder gehst du Aldi?« Die Reaktionen waren gemischt, als ich von meinem Vorhaben erzählte, anderthalbtausend Kilometer per Liegerad durch die Türkei zu fahren. Die Marktschreier der Angst taten sich dabei besonders hervor. Ihrer Meinung nach würde ich unterwegs von Mopeds über den Haufen gefahren, von Lastwagen in Straßengräben gedrängt, von Bergen in die Knie gezwungen, von Hunden zerfetzt, von der PKK in die Luft gesprengt, von Syrern beschossen, unter eisiger Kälte und furchtbarer Hitze leiden, mich vor Rückenschmerzen krümmen und mein geklautes Liegerad auf den Basaren suchen.

Nichts von alledem traf zu. Stattdessen fand ich ein reizvolles Reiseland vor, das über eine ausgebaute touristische Infrastruktur verfügt, dessen Bewohner sich aber dennoch eine unverfälschte Gastfreundschaft erhalten haben, die mir mehr als einmal aus der Patsche helfen sollte.

Im Gegensatz zum Himalaya oder zu Grönland, die ich im vergangenen Jahr aufgesucht habe, meinen die Marktschreier der Angst die Türkei zu kennen. Schließlich waren sie schon mal in Antalya. Täglich setzen sie sich einer medialen Panikverbreitung aus, die mit wohligem Gruseln von Islamisten, Anschlägen und Erdbebenkatastrophen berichtet. Als Deutscher, der es bereits mutig findet, die Steuererklärung mal nicht rechtzeitig abzugeben, ist man dann froh, in einem »sicheren Land« zu leben.

Obwohl drei Millionen Türken in Deutschland wohnen, wir uns längst an Dönerbuden gewöhnt haben und »Ayran« fehlerfrei aussprechen können, wissen wir erstaunlich wenig über das Land zwischen Europa und Asien. Auf einer Landkarte unserer Vorstellungen nähme İstanbul knapp die Hälfte der Landmasse ein – eine gigantische Partymeile mit lustigen Minaretten und exotisch anmutenden Palästen. Im

Süden reihen sich All-Inclusive-Anlagen aneinander. Der Osten hingegen wäre gebirgig, wüst und von Aufständischen bevölkert.

Ungeachtet dessen, dass nicht wenige Türken dieses Bild teilen, möchte ich mehr über das Land erfahren, mit dem Deutschland seit dem Wirtschaftswunder so eng verbunden ist wie mit kaum einem anderen.

So gleite ich am nächsten Morgen dicht über dem Boden dahin, um von İzmir nach Kuşadası zu gelangen. Ohne allzu große Kraftanstrengung schieben meine Beine das Liegerad vorwärts. Es frisst Straße, und auch ich schiebe Landschaft in mich hinein, Felder, Bäume, Häuser und Gehöfte, bis sie mich ganz ausfüllt. Der Alltag fällt von mir ab wie ein nicht länger benötigtes Kleidungsstück. Endlich bin ich wieder unterwegs.

»Be careful with the chaos«

Nach und nach franst İzmir in ein Gewimmel aus Vororten aus. Die Natur wittert ihre Chance. Sie drückt sich in die größer werdenden Flächen, die sich zwischen Häusern und Dörfern aufspannen. Der Smog verflüchtigt sich. Ich bin froh, die einstige »Perle der Levante« hinter mir zu lassen. An das antike *Smyrna*, knapp tausend Jahre vor Christus von aiolischen Griechen als Festung gegründet, von den Ioniern zur Polis erweitert und im Osmanischen Reich zum wichtigsten Handelsplatz Kleinasiens ausgebaut, erinnert nur noch wenig. Das heutige İzmir ist bis ins Mark hinein eine moderne Geschäftsstadt, deren Bauten in alle Richtungen wuchern. Da der türkische Staat nach islamischem Recht niemandem, der über Nacht ein Haus gebaut hat, dieses mehr nehmen darf, wachsen um İzmir herum praktisch wöchentlich ganze Hügel zu.

Der Landschaft hinter den Vororten fehlt alles Liebliche. Ich fahre durch eine wilde, schlammfarbene Gegend, in der es nie weit bis zu einem Berg ist. Fast scheint es, als warte die Erde schicksalsergeben darauf, von den Häusern der vorrückenden Stadt erobert zu werden – was in den kommenden Jahren zweifellos passieren wird.

Außerhalb der Großstadt lässt der Stau schlagartig nach. Alle vier bis fünf Minuten überholt mich ein Auto. Sein Fahrer hupt dann; er lässt das Fenster herab, lacht, fotografiert mich und zieht weiter. Die Hunde am Straßenrand bellen das unbekannte dreirädrige Wesen an, das durch ihr Revier fährt. Zwei laufen knurrend hinter mir her, geben ihr Ansinnen aber, als sie merken, dass sie mit mir nicht Schritt halten können, nach wenigen Metern auf.

Zwischen Ataköy und Çile – zwei Dörfer, die bislang nicht als Epizentren weltgeschichtlich relevanter Ereignisse in Erscheinung getreten sind – überholt mich ein weißgrauer VW-Bus. Fünfzig Meter vor mir zieht er auf die Standspur. Der Fahrer reißt die Tür auf. »Allahu akbar!«, ruft er, als er auf den Boden springt, »Gott ist groß!« Fünf Jahre sei er auf Kreuzfahrtschiffen um die Welt gezogen, vertraut er mir in einem amerikanisch gefärbten Englisch an, ein solches Gefährt aber habe er noch nirgendwo gesehen. Wenig später entfahren ihm zwei Sätze, die mir fortan als Leitsprüche für die Reise dienen. Mit dem ausgestreckten rechten Arm zeigt er auf die Berge, die sich mir im Süden halbkreisförmig in den Weg stellen. »Behind those mountains«, beginnt er, und ich meine den Hauch einer Genugtuung um seine Mundwinkel zu entdecken, als er fortfährt, »there are more mountains«.

Hinter diesen Bergen erheben sich also weitere. So sollte es im Verlauf der vor mir liegenden anderthalbtausend Kilometer praktisch immer sein. Von hier an würden die Wege zu meinen Etappenzielen entweder hinauf- oder hinunterführen.

Tapfer lächele ich den Überbringer der schlechten Nachricht an, um ihm zu signalisieren, dass ich mich von ein paar Hügeln nun wirklich

nicht erschrecken lasse. Er nickt mir aufmunternd zu, schießt dann ein paar Fotos von dem verrückten Deutschen, der sich aufgemacht hat, eines der gebirgigsten Länder der Welt zu bereisen – mit einer Art Dreirad, das ohne Gepäck schon dreißig Kilogramm wiegt.

»Be careful with the cars!«, ruft er mir noch zu, ehe er zurück in den VW-Bus steigt und mit beneidenswert hohem Tempo in einer Staubwolke davonbraust. »Pass auf die Autos auf!« Da er sich aber auf den Kreuzfahrtschiffen einen Dialekt angeeignet hat, der mich sofort an rauchende Colts, XL-Burger und markante Sprüche wie »Ich hol' dich da raus, Baby!« denken lässt, gerät ihm das »r« zuweilen wie ein »au«. »Be careful with the chaos!«, höre ich daher. Seine Warnung vor dem türkischen Chaos sollte ich schon bald nur allzu gut verstehen.

Auf drei Rädern ins Gebirge

Sollten Sie je in die Situation geraten, auf einem Liegerad durch die türkische Ägäis zu fahren, werden Sie sich an Go-Karts auf Jahrmärkten erinnert fühlen. Das Kind in mir frohlockt, als ich, eine Handbreit über dem Boden, den angekündigten Bergen entgegenbrause.

Vorn drehen sich zwei, hinten ein Rad. Bei jeder Umdrehung glänzen die Pedale in der Sonne. Sie sind weit vorne angebracht, damit ich sie im Liegen erreichen kann. Statt auf einem unbequemen Sattel zu sitzen, fläze ich in einem geflochtenen Netz. In dieser Haltung kann mir Gegenwind wenig anhaben. Steigt man von einem herkömmlichen Fahrrad auf ein Liegerad um, ist es, als wechsele man von einem Barhocker in einen Sofasessel.

Der größte Vorteil meines Trike, das sollte ich in den kommenden Wochen immer deutlicher erfahren, besteht darin, dass ich entspannt bleibe. Der unter dem Sitz befestigte Lenker gleicht zwar in Form und

Aussehen dem Ersatzarm eines Cyborg, meine Hände halten ihn jedoch völlig krampffrei fest. Weder Handgelenke noch Arme oder Schultern werden über Gebühr belastet. Vorbei sind die Zeiten, in denen ich mich mit Druckstellen am Gesäß und schmerzendem Nacken auf Rikschas und Posträdern vorwärts gekämpft habe. Stattdessen schmiegt sich meine Wirbelsäule sanft in den Sitz, während eine Kopfstütze meinen Nacken in der Vertikalen hält. Das ist altersgemäßes Radfahren für erfahrene Reisebuchautoren!

Natürlich sind die Schweizer und Franzosen als erste auf die Idee gekommen, im Liegen Rad zu fahren. Auf einem »Mister Darling« genannten Gefährt kam man 1896 bäuchlings voran. Kurz darauf bot Peugeot das erste in Großserie produzierte Liegerad an. Als der Weltradsportverband UCI (»Union Cycliste Internationale«) diesen Radtyp allerdings – aufgrund »zu hoher Geschwindigkeit«! – vom Wettkampfgeschehen ausschloss, fuhren nur noch eingefleischte Liebhaber, die als seltsame Käuze galten, im Liegen.

Erst die Gründung der »International Human Powered Vehicle Association« (IHPVA) zog ab 1976 eine vermehrte Nutzung muskelkraftbetriebener Fahrzeuge nach sich. Zehn Jahre später fuhr ein Velomobil erstmals über einhundert Stundenkilometer. Mittlerweile stellen immer mehr Radfahrer vom Sitzen aufs Liegen um. Es fällt ihnen leicht: Ein dreirädriges Liegerad entspricht unserem Naturell besser als ein Zweirad. Während man mit Ersterem sofort losbrausen kann, muss man die Fahrt mit Letzterem erst unter Zuhilfenahme von Stützrädern lernen.

Zu meinem Leidwesen verpuffen die Vorteile des Liegerads allerdings, sobald es bergauf geht. Langsam, beinahe genüsslich, steigt die Straße unter mir dem Gebirge entgegen. Ein Grad steiler als zuvor, dann noch eines: Ich kann zusehen, wie die Geschwindigkeitsanzeige einstellig wird. Talwärts stürze ich mit bis zu fünfundsiebzig Stundenkilometern; in der

Ebene sind es noch immer dreißig, ohne dass ich mich dabei sonderlich anstrengen muss. Bergauf aber ziehen mich die hinter mir angebrachten Satteltaschen förmlich den Hang hinunter. Bei jedem Aufstieg kommt es mir vor, als halte mich Adam Smiths »unsichtbare Hand« unentrinnbar zurück. Zuweilen drehe ich mich unwillkürlich um, um sicherzugehen, dass sich kein Mopedfahrer an mich gehängt hat.

Mit vier Stundenkilometern klebe ich am Hang. Ginge ich zu Fuß, käme ich schneller voran. Erst jetzt, da der Fahrtwind wegfällt, merke ich, wie heiß es geworden ist. Die Sonne scheint den Asphalt aufweichen zu wollen, so machtvoll blickt sie herab, und die Straße schickt die Hitze ungefiltert zurück. In Rinnsalen fließt Schweiß meinen Rücken, meine Arme und meine Beine hinab. Er verklebt mir die Augen, zeichnet Muster auf meine Kleider und tropft mit beharrlicher Monotonie von meinen Händen.

Zum Glück gibt es ein probates Gegenmittel zur Mittagsglut, das mir in der Türkei meist ohne mein Zutun angeboten wird. Noch im kleinsten Dorf komme ich unter Garantie an einem Plastiktisch vorbei, um den herum sich schnurrbärtige, gemütlich aussehende Männer gruppieren. Wenn mir der Sinn danach steht, fahre ich betont langsam an ihnen vorbei. In der Regel muss ich nicht einmal hinschauen, ehe mich einer von ihnen heranwinkt. *Çay, çay*, ruft er – »und die Welt hebt an zu singen, triffst du nur das Zauberwort«.

Meist genügt ein *tamam*, »einverstanden«, meinerseits: Schon sitze ich im Schatten einer gütigen Baumkrone, erzähle meine Geschichte und werfe Zuckerstückchen in den Tee, bis ich ihn zu einer bittersüßen Mischung veredelt habe. Meine Versuche, das köstliche Getränk zu bezahlen, werden brüsk pariert.

Vom ersten Moment an, dem Verlassen des Flughafenareals von İzmir, bin ich angekommen und angenommen, aufgehoben und aufgenommen in der Türkei. Niemanden stört, dass mein türkisches Vokabular weniger als hundert Wörter umfasst. Der *çay* und die Begegnungen, die er mir eröffnet, werden zu einer Art Treibstoff, der mich voranbringt. Irgendwann, fünf Minuten oder zwei Stunden nach Beginn einer Teezeremonie, reiße ich mich los und setze meinen Weg unter den Anfeuerungen der Dorfgemeinschaft fort.

Die Ticks und Tricks eines Geldabschneiders

In Kuşadası wähle ich das erstbeste Hotel am Straßenrand. Ich habe heute noch viel vor. Immerhin befinden sich zwei der bekanntesten Sehenswürdigkeiten der Türkei in unmittelbarer Umgebung: das antike Ephesus und das *meryem ana evi*, das Wohn- und Sterbehaus der Jungfrau Maria – zumindest eines davon; eine weitere Grabstätte befindet sich im Kidrontal bei Jerusalem.

Wie ein I-Tüpfelchen ist das *meryem ana evi* auf den Nachtigallberg gesetzt. Der Weg dorthin führt acht Kilometer steil bergauf. Nach der heutigen Etappe von siebzig Kilometern sind mir das ziemlich genau acht Kilometer zu viel. Zum Glück brauche ich in der Touristenhochburg Kuşadası keine zehn Schritte vom Hotel aus in eine beliebige Richtung zu gehen, ehe mir Hilfe angeboten wird.

Ein knallgelbes Taxi kommt mit quietschenden Reifen neben mir zum Stehen. »Wohin, Sir?«, fragt mich der untersetzte Fahrer, und seine Augen leuchten bei dem Fang, der ihm beinahe schon im Netz zappelt, freudig auf. Zu Marias Sterbehaus und anschließend nach Ephesus, klar sei das machbar, meint er. Wenn ich wolle, könne er mich bis nach İstanbul bringen. Im Vollmondgesicht des Fahrers führt ein Grinsen einen seltsamen Tanz auf: Es erscheint, wird bekämpft, zurückgedrängt und erobert von neuem die Lippen. Als ich ihn frage, was das genannte

Doppelpack kosten werde, entblößt er eine Reihe furchterregend großer Schneidezähne, deren Farbe zwischen dem satten Ocker eines Pumas und dem schlammfarbenen Braunton eines Grizzlys changiert. »Höre, mein Freund«, beginnt er, und mir ist bereits im selben Augenblick klar, dass ich nicht der Freund dieses Geldabschneiders werden möchte, »dir biete ich die Fahrt zu einem Sonderpreis an, der mich kurz vor den Ruin bringt, einhundertfünfzig Euro«.

Ob er noch bei Trost sei, entfährt mir, ich wolle Ephesus besuchen, nicht kaufen. Euro hätte ich ohnehin keine bei mir, fahre ich fort, nur türkische Lira. Es bereite mir im Übrigen keine Schwierigkeiten, einen seiner Kollegen an seiner statt zu wählen. Nach einigem Hin und Her einigen wir uns auf einhundertdreißig Lira, etwa sechzig Euro.

Der Geldabschneider ist einsilbig geworden. Noch aber hat er einen Trumpf im Ärmel: das Geschäft mit den Provisionen. Zu meinem großen Glück befände sich just auf dem Weg nach Ephesus die unbestreitbar beste Lederfabrik der Türkei, wenn nicht der Welt, vertraut er mir in verschwörerischem Tonfall an. Dort vorbeizufahren, ohne hineinzuschauen, komme einer der sieben Todsünden gleich. Ich müsse nur ein Wort sagen, schließt er triumphierend, sofort steuere er das Outlet an.

Ich bleibe demonstrativ still. Die hektischen Bewegungen des Fahrers, die Art, wie er nervös mit den Fingern auf das Lenkrad klopft, seine plumpen Versuche, mich zum Geldausgeben zu bewegen, stoßen mich ab. Als er dennoch Anstalten macht, das Abzockerparadies am Wegrand aufzusuchen, sage ich tatsächlich ein Wort: *Hayır*, »nein«, schleudere ich ihm so abweisend wie möglich entgegen.

Leder möge ich wohl nicht sonderlich, stellt er enttäuscht fest, als wir an der Touristenfalle vorbeizuckeln. Das mache aber nichts: Zu meinem Glück befände sich kurz vor Ephesus eine Teppichfabrik, die ganz unbestreitbar die beste der Türkei sei, wenn nicht der ganzen … Nein, auch keine Teppiche, unterbreche ich ihn rüde. In Gedanken sehe ich mich schon schwitzend die vor mir liegenden Anhöhen hinaufschnaufen, einen handgeknüpften Perser über den Schultern.

Missmutig fährt mich der Taxifahrer nach dieser erneuten Absage zu jenem Ort, an den die Gottesmutter nach der Kreuzigung Jesu gemeinsam mit Johannes dem Apostel gelangt ist. Verbürgt ist dieses Ereignis nicht; zumindest die Katholische Kirche glaubt jedoch daran. Papst Leo XIII. erklärte das *meryem ana evi* im Jahr 1896 zum Wallfahrtsort. Paul VI., Johannes Paul II. und Benedikt XVI. zelebrierten hier die Heilige Messe. Bei alldem vergisst man gerne, dass auch zahlreiche Muslime Maria, die »Mutter des Propheten Jesus«, verehren.

Angesichts der päpstlich proklamierten Bedeutung des *meryem ana evi* bin ich überrascht, dass das Gebäude kaum mehr ist als eine Felsnische, in der ein Schrein mit einer Marienfigur steht. Ergriffen bin ich erst, als ich nach dem Besuch des Heiligtums an einer Mauer entlangstreife, an der Abertausende Danksagungen, Wünsche und Sehnsüchte in allen Sprachen auf Zettel geschrieben und angeheftet sind. Dutzende Menschen verharren vor dieser Mauer in stillem Gebet. Probeweise stelle ich mich dazu, um Kraft für meine weitere Reise zu erbitten. Ich habe mir sagen lassen, dass dies auch dann funktioniere, wenn man nicht daran glaubt.

Zum Wahnsinn gesteigerte Entschlossenheit

Der Geldabschneider muss lange warten, ehe ich zu ihm zurückkehre. Natürlich hat er bereits ausgetüftelt, wie er mir diesen Umstand heimzahlen kann. Kennt er doch direkt neben dem Eingang zur Ausgrabungsstätte von Ephesus einen Schwager des Freundes seines Bruders, der uns sogleich freudestrahlend entgegenläuft. Unter dem Arm trägt

er eine Armada Reiseführer, Steinfiguren und Coladosen, die er mir zu einem unschlagbaren Preis … Ohne ihn eines Blickes zu würdigen, begebe ich mich zielstrebig zum Eingang von Ephesus. Mit jedem Schritt in die Ausgrabungsstätte hinein gleite ich tiefer in eine altertümliche Parallelwelt.

Obwohl ihm das berühmte »panta rhei«, »Alles fließt«, nachträglich in den Mund gelegt wurde, hatte Heraklit keine Schwierigkeiten, zu einer Art geistigem Leuchtfeuer für mich zu werden. Seine Grundannahmen entsprechen bis in die Details hinein den Kernthesen seines Zeitgenossen Siddharta Gautama vom anderen Ende der Welt. Beide, der ratselhafte Philosoph aus Ephesus und der Buddha aus Indien, hinterfragen auf der Suche nach tieferen Wahrheitsschichten die Realitätswahrnehmung ihrer Landsleute. Das »dharma«, »Weltgesetz«, fanden sie, indem sie die Natur erforschten. Gegensätze und Widersprüche waren für sie nur unterschiedliche Ausformungen einer spannungsgeladenen Einheit, die vom immerwährenden Wandel, vom produktiven Streit (»polemos«), in ständig neue Aggregatsformen getrieben wird. Demzufolge gibt es keine Statik, kein »Ich« und kein »Sein«, sondern nur temporäre Gleichgewichte und permanente Veränderung.

Konnte Heraklit, der Ephesus der Überlieferung zufolge niemals verlassen hatte, dort in die Kenntnis buddhistischer Weisheiten gelangt sein? Ist er auf dem Marktplatz von Ephesus einem indischen Handelsreisenden begegnet? Oder hat er sein Denksystem unabhängig davon entwickelt? Was prägte die beiden Männer, worauf konnten sie sich berufen, und warum avancierte der Buddhismus im Osten zu einem Glaubenssystem, während Heraklit kaum mehr als ein Stichwortgeber für spätere Philosophen geblieben ist?

Immerhin einer scheint Heraklits Diktum, demzufolge der Streit der Vater aller Dinge ist, in die Tat umgesetzt zu haben – wenngleich auf eine etwas eigenwillige Art. Mit dem Ziel, fortwährende Bekanntheit zu erlangen, setzte der Goldschmied Herostratos im Jahr 356 vor Christus in Ephesus den Tempel der Artemis in Brand und zerstörte damit eines der sieben Weltwunder der Antike. Georg Heym ließ sich von dieser Brandstiftung zu einem der wortgewaltigsten Langgedichte deutscher Sprache inspirieren. Er beginnt seine Hymne »Der Wahnsinn des Herostrat« mit einem Triumphgeheul und setzt seinem Protagonisten gleich zu Beginn ein Denkmal, indem er die ersten Wörter, die sich eigentlich zu einer Frage formieren, mit einem Ausrufezeichen versieht. Prägnanter kann man zum Wahnsinn gesteigerte Entschlossenheit nicht auf den Punkt bringen:

»*Wer ist der Größte! Ich, der seinen Namen vom Schemel in der dunklen Werkstatt warf herauf zum Äther (…) Da hört ich meinen Namen wie eine Woge brausen in dem Volk. So weit berühmt, wie eine Flut nun wachsend. Heut weiß es Ephesus' Million, und morgen schon weiß es Asia. (…) Und in den Sternen las ich: Herostrat. (…) Sein Leib zerfließt in Luft und Erd und Rauch, sein Name brennt wie eine Fackel stets.*«

Wie mochten sich die Entdecker von Ephesus gefühlt haben, als sie auf der Suche nach dem von Herostrat zerstörten Artemistempel ein erstes Zeugnis, eine Amphore vielleicht, ausgruben und unter der weitläufigen Steppe bei Selçuk nach und nach die besterhaltene Stätte der antiken Welt zum Vorschein kam? Siebentausend Jahre Geschichte hat Ephesus zu erzählen. Hier warf der Bibel zufolge der Apostel Paulus die Devotionalienhändler aus dem Tempel. Später adressierte er den »Epheserbrief« an die Stadtbewohner. Im darauf folgenden Jahrhundert soll der platonische Dialog mit dem Juden Tryphon in Ephesus stattgefunden haben – eine der ältesten überlieferten Auseinandersetzungen mit dem Judentum.

Heimat griechischer Philosophen, römische Großstadt, türkischer Piratenhort: Seit einigen Jahren lässt sich der wechselvollen Geschichte

von Ephesus eine weitere Epoche hinzufügen: das »Turistikum«. In Zeiten des Massentourismus ist Ephesus eine Marke geworden: Es gibt Efes-Bier, Ephesus-Therme und Ephesus-Hotels. Jeder versucht, auf irgendeine Art von der Ausstrahlungskraft dieses Ortes zu profitieren.

Manche kommen dabei den Grenzen des guten Geschmacks bedrohlich nahe. Unwirsch holt mich der Geldabschneider am Ausgang der Ausgrabungsstätte zurück in die Gegenwart. Kennt er doch, wie er mir versichert, ganz in der Nähe zwei weitere Lederfabriken, und dann befände sich just auf dem Weg nach Kuşadası noch der Obststand seines Halbbruders mütterlicherseits, der ganz unbestreitbar die besten Äpfel der ganzen … Nein, winke ich ab, ich müsse das Gesehene in meinem Hotelzimmer verarbeiten, das ich daher dringend und auf direktem Wege aufsuchen müsste.

Vom Balkon der Herberge aus blicke ich hinunter auf die Stadt, die sich, von abendlichen Sonnenresten rotgelb bestrahlt, mächtig in Szene setzt. Hell leuchten ihre Lichter zu meinem privilegierten Aussichtspunkt herauf, als wolle Kuşadası dem funkelnden Kreuzfahrtschiff Konkurrenz machen, das in seinem Hafen vertäut ist. Dahinter erhebt sich, zum Greifen nah, die griechische Insel Samos.

Wie so viele Städte ist auch Kuşadası am schönsten, wenn man es früh morgens oder spät abends aus der Ferne betrachtet. Tagsüber mutiert es zu einer charakterlosen Einkaufsmeile, deren Läden sich bei Ankunft eines Kreuzfahrtschiffs spontan verdoppeln. Dann strömen von allen Seiten fliegende Händler herbei, um ihr Glück mit den Tagestouristen zu versuchen.

Im Namen einer Comic-Katze

Früh am folgenden Morgen ziehe ich mein Liegerad aus der Abstellkammer des Hotels. Ich befestige die Satteltaschen, prüfe den Reifendruck, ziehe die Schrauben des Lenkers an und lege mich dann in den geflochtenen Sitz des Vehikels. Zweckmäßige Betonkästen flankieren meinen Weg, als ich Kuşadası verlasse. Im städtischen Randgebiet zieht man in Windeseile Wohneinheiten hoch, bringt Kleinhändler und Glücksritter darin unter. Ästhetik spielt keine Rolle, nur das Tempo zählt: Man reizt die Zeit aus, in der Geld vorhanden und die Nachfrage nach Wohnraum hoch ist.

Kaum habe ich die Bausünde hinter mir gelassen, klettert die Straße die nahen Hügel hinauf und gewährt mir erste Ausblicke auf die dahinterliegenden Berge. In den folgenden dreieinhalb Stunden krieche ich klägliche neunzehn Kilometer vorwärts. Als ich ein Restaurant ausmache, das wie ein Adlerhorst am Hang klebt, begebe ich mich schnurstracks in dessen Garten und wähle dort einen Tisch im Halbschatten.

Die Anstrengung pulsiert in meinen Beinen, Schweißtropfen sprenkeln die hölzerne Tischoberfläche. Mein Blick aber segelt den buschbewachsenen Abhang hinab bis nach Kuşadası, das sich weit draußen an den Saum des Ozeans lehnt. Von hier oben betrachtet gleicht die Szenerie einem Bild des katalanischen Malers Joan Miró. Vermutlich hätte er es »Sinfonie in Blau, unterbrochen von einem verstörenden weißgrauen Fleck« genannt, oder einfach »Der Mensch, ein Staubkorn«. Meine Augen können sich kaum sattsehen an dem, was ihnen so reichlich aufgetischt wird.

Meinem Magen ergeht es nicht anders. Ein »türkisches Frühstück« für viereinhalb Euro hat mir der Kellner angeboten; das klang vielversprechend. Andererseits bekommt man zu diesem Preis in der Münchner

Innenstadt gerade mal einen Cappuccino. Umso erstaunter bin ich, als der Kellner kurz nach meiner Bestellung die Schätze der türkischen Küche auf acht Platten vor mir ausbreitet: Käse, Tomaten und Gurken, ein gekochtes Ei, grüne und schwarze Oliven, dazu reichlich Fladenbrot, gefolgt von Kuchen mit Erdbeermarmelade und Erdnusscreme, Honig direkt von der Wabe und *aşure*, eine mit Zucker und Rosenwasser verfeinerte Creme aus Trockenobst und Nüssen, die der Legende zufolge auf Noahs Arche entstanden ist, als man dort die Reste zusammenkratzte. Obendrein gibt es Tee, so viel ich möchte.

Wohlwollend nimmt der Kellner meine wachsende Begeisterung zur Kenntnis. Als auf den acht Platten nur noch Brösel übrig sind, nickt er mir anerkennend zu. Mit einer Zange legt er zwei *sigara böreği*, mit Käse gefüllte Blätterteigröllchen, auf meinen Teller. Er besteht darauf, dass ich abschließend auch noch die *acuka*, eine würzige Paste aus Chili, Walnüssen und Olivenöl, goutiere, die der Stolz des Hauses sei.

Wohlgenährt lasse ich meinen Blick ein letztes Mal durch den Garten schweifen, ehe er auf meinem Liegerad verharrt. Es steht da, als brenne es darauf, die weitere Wegstrecke in Angriff zu nehmen. Dabei ist es, soviel ist mir in den vergangenen dreieinhalb Stunden klar geworden, im Grunde seines Wesens bis in die letzte Schraube hinein träge. Kaum trifft es auf einen Anstieg, streckt es alle Dreie von sich und überlässt mir die gesamte Arbeit. Da es außerdem stur ist und mitunter eigenmächtig entscheidet, wann es in einen höheren oder niedrigeren Gang schaltet, beschließe ich, es von nun an »Garfield« zu nennen.

Im »Palast von Ephesus«

Kurz vor Söke kaufe ich an einer Tankstelle zwei Flaschen Wasser. Als ich weiterfahre, merke ich, dass der Lenker Spiel hat. Er ruckelt, sobald ich ihn nach links drehe. Dieser Umstand macht mir zu schaffen, da Garfield bergab siebzig Stundenkilometer erreicht und in den Kurven starke Kräfte auf ihn wirken. In Söke verschärft sich das Problem: Der Lenker wackelt in meinen Händen hin und her.

Obwohl es erst früh am Nachmittag ist, frage ich einen Verkehrspolizisten, der mich anstarrt, als sei ich soeben vor seinen Augen vom Mars gefallen, nach dem günstigsten Hotel der Stadt. Er werde mir den Weg zum zweitgünstigsten zeigen, bedeutet er mir. Das günstigste sei Europäern nicht zumutbar.

Das zweitgünstigste Hotel von Söke heißt »Palast von Ephesus« und scheint ungefähr zur selben Zeit wie die antike Stätte erbaut worden zu sein. Leider wurde seither nicht allzu viel investiert. Dank einer rational nicht zu erklärenden Fehlprägung, die mich schon manchen Ort hat schönfärben lassen, fühle ich mich im »Palast von Ephesus« auf Anhieb pudelwohl. Warum sollte ich die Fenster schließen können, wenn es draußen doch warm ist? Was ist eine gemusterte Tapete gegen die Kunstwerke, die der Schimmel an die Wände malt? Was brächte mir ein Waschbecken, wenn es im Haus ohnehin kein fließendes Wasser gibt? Und was vermöge mir schon ein Fernsehprogramm zu bieten, verglichen mit den Ereignissen im Zimmer unter mir, die ich durch ein faustgroßes Loch im Boden beobachten kann? Neben all diesen Annehmlichkeiten punktet der »Palast von Ephesus« mit einer weiteren Besonderheit. Statt livrierten Bediensteten, die servicebeflissen im Eingangsbereich auf und ab gehen, sitzt auf der untersten Treppenstufe ein grauhaariger Mann. Er versteht kein Wort Englisch oder Deutsch, weist aber ein wunderbares Lächeln auf, das seine vier unteren Schneidezähne, die einzigen, die ihm geblieben sind, besonders gut zur Geltung bringt.

Als ich ihm gestenreich klarmache, dass ich mich jetzt um das seltsame Dreirad kümmern müsse, das zwei Drittel des Eingangsbereichs für

sich beansprucht, erhebt er sich mühsam und verschwindet im Nachbarhaus. Kurz darauf kommt er zurück, überreicht mir eine abgegriffene Taschenlampe und deutet vielsagend auf das nicht funktionierende Deckenlicht. Die vier Schneidezähne blitzen auf. Ich lächele zurück, dann beuge ich mich über Garfield, drehe und werkele an ihm herum, löse schließlich den Lenker vom Rahmen und ziehe die Schraube heraus, die diese beiden Teile miteinander verbindet. Von dieser unscheinbaren Schraube hängt unter Umständen mein Leben ab.

Scheppernd fallen die beiden Lenkerhälften links und rechts des Rahmens zu Boden. Der alte Mann lächelt sein Schneidezahnlächeln. Mit einem Ächzer verlässt er die Treppenstufe, tippt mir auf die Schulter und zeigt mit seiner knöchernen Hand auf den Rahmen. Da erst erkenne ich das Drahtende, das auf der linken Seite aus einem Loch hervorquillt. Das also ist der Übeltäter! Ich ziehe den Draht heraus und schraube anschließend alle vom Rahmen gelösten Teile sorgsam fest. Der Lenker hält, was er verspricht.

Als ich Anstalten mache, Garfield am Treppengeländer festzubinden, winkt der Alte ab. Aus ruhigen, in ihren Höhlen geborgenen und trotzdem hellwachen Augen blickt er mich an. Er legt seine knochige Hand auf Garfields Hinterrad und deutet mit der anderen auf die Treppenstufe, auf der er sitzt. Ich stecke das Fahrradschloss in die Hosentasche.

Legte der Alte es darauf an, fände er Mittel und Wege, um mir das Liegerad, Fahrradschloss hin oder her, zu entwenden – spätestens heute Nacht. Ich bin mir allerdings sicher, dass er Garfield stattdessen mit Zähnen und Klauen verteidigte, sollte irgendjemand anderes als ich versuchen, Hand an das Rad zu legen. Als ich Garfield in die Obhut meines Gastgebers gab, habe ich einen unausgesprochenen Pakt mit dem Schneidezahnträger abgeschlossen. Von nun an war er für meinen Besitz verantwortlich. Stünde Garfield am nächsten Morgen nicht mehr an seinem

Platz, käme dies einem unwiederbringlichen Gesichtsverlust der Hotelbetreiber gleich. Umgekehrt wäre es ein unverzeihlicher Affront gewesen, mein Liegerad abzuschließen, obwohl sein Beschützer direkt neben ihm saß. Wohin ich in der Türkei auch gelangen sollte, überall funktionierte dieser Mechanismus mit solider Verlässlichkeit.

Weit ausholend laufe ich durch Söke, das schöner wird, je näher man dem Zentrum kommt. Als ich den Gürtel aus Hochhausfassaden und Bauruinen hinter mir lasse, erwartet mich eine quirlige Fußgängerzone mit günstig platzierten Bänken, herausgeputzten Brunnen und von Läden gesäumten Arkaden. Kinder jagen Hunden nach, Männer begrüßen sich mit Handschlag, Marktschreier preisen Äpfel und Bananen an.

Bei einem dieser liebenswerten Schreihälse erwerbe ich vier grünliche Mandarinen. Ich weiß, dass ich mich von ihrem limettenhaften Äußeren nicht täuschen lassen darf: Sie sind voller Fruchtzucker und sorgen für eine Geschmacksexplosion im Mund. Da mir danach ist, zeige ich dem Händler auf meinem Mobiltelefon ein Bild von Garfield und erzähle in meinem brüchigen, auf zentrale Vokabeln konzentrierten Türkisch, was ich im »Palast von Ephesus« erlebt habe.

Er lacht lange, klopft dann auf sein Moped und erklärt mir in leidlichem Englisch: »Das hier ist die türkische Art zu reisen! Glaub mir, dein Rad kannst du getrost vor Hotels und Restaurants stehen lassen, ohne es abzuschließen. Wer sollte es stehlen und vor allem: wozu? Um damit in der Gluthitze herumzufahren? Das ist doch viel zu anstrengend und wäre gar zu auffällig. Oder um das Ganze zu verkaufen? An wen? An einen, der damit in der Gluthitze herumfährt? Nein, glaub mir, mein Freund«, schließt der Händler und beginnt erneut zu lachen, »kein Türke käme auf die Idee, freiwillig mit so einem Ding in der Gegend herumzufahren. Echt wahr«, holt er zum endgültigen Argument aus und prustet dabei vor Lachen, »so was machen doch nur Deutsche!«

Ich werfe dem Schneidezahnlächler einen dankbaren Blick zu, als ich Garfield wohlbehalten im Hotel vorfinde, schenke ihm zwei meiner vier limettenfarbenen Mandarinen und ziehe mich dann auf mein Zimmer zurück. Die halbe Nacht hindurch sickert Stimmengewirr von der Straße in meinen Schlaf. Musik aus aufgedrehten Anlagen wabert durch meine Träume. Darin stolpere ich einer Fahrradschraube hinterher, die vor meinen Augen schwebt, sich aber trotz meines aus Draht kunstvoll geformten Lassos nicht einfangen lässt. Stattdessen scheint sie sich, von Tonleitern auf- und abwärts getragen, mit jedem Takt der Musik ein Stückchen weiter von mir zu entfernen.

Selbst noch am nächsten Morgen rumoren exotische Tonfolgen in meinem Kopf. Türkische Lieder sind karg und weit wie die Landschaft, die ich bislang kennengelernt habe. Sie setzen weniger auf Rhythmus als auf einen dominanten Gesang, der geeignet ist, die Ebenen zu überschallen. Von verzweifeltem Wehklagen bis zu überschwänglicher Freude vermag dieser Gesang alles auszudrücken. Er kommt mir vor wie ein Mittel zur Verständigung: gesungene, vor Emotion berstende Mitteilungen, die man rauchzeichengleich von Bergkuppe zu Bergkuppe weiterreicht.

Getoastet und verführt

Der Muezzin entdeckt die Sonne im Osten und ruft zum Gebet, als ich den »Palast von Ephesus« verlasse und südwärts aus der Stadt fahre.

Kein Lüftchen regt sich. Niemand macht mir die Straße streitig, die wie mit dem Lineal gezogen dem *Bafa Gölü*, dem See von Bafa, zustrebt. Einem Trugbild gleich gleite ich durch eine weitläufige Ebene. Das Sirren von Garfields Rädern erfüllt die morgendliche Luft. Meine tiefen Atemzüge geben den Takt unseres Tänzchens mit der Straße vor. Dann und wann bellt ein Hund in der Ferne.

Die Häuser sind von der Straße zurückgetreten. Ich mache sie weit draußen aus, ohne erkennbare Ordnung über die Ebene gewürfelt. Für die ersten dreißig Kilometer des heutigen Tages, was der gesamten gestern zurückgelegten Wegstrecke entspricht, benötige ich weniger als eine Stunde.

Bald aber gibt die Straße ihre Zielstrebigkeit auf. Als zweifele sie unvermittelt an ihrem Auftrag, mich möglichst rasch zum *Bafa Gölü* zu bringen, entwirft sie probeweise erste Kurven, die sich zu weitläufigen Schlingen steigern, bis sich mir einmal mehr ein Ensemble an Bergen in den Weg stellt. Gleichzeitig gewinnt die Sonne an Kraft. Um neun Uhr malt sie erste Schweißflecken auf mein T-Shirt. Um zehn verwischt sie binnen Minuten die Sonnencreme, die ich auf Gesicht, Hals und Arme auftrage. Um elf hat sie die Mittel- und Seitenlinie der Nationalstraße in die glühenden Fäden eines Toasters verwandelt. Beidseitig werde ich gebraten: von der Sonne über mir und dem glühend heißen Asphalt unter mir. Kein Wölkchen kommt vorbei, um diesem Treiben ein Ende zu setzen.

Eng schmiegt sich die Straße schließlich an den See von Bafa, der schön sein könnte: Umkränzt von Bergen füllt er eine weitläufige Talsenke aus. Ich stelle ihn mir in der Schweiz vor, segelbeflaggt, von Uferpromenaden umstellt, gesäumt von Eisdielen und Fischrestaurants. Was bin ich verwöhnt! Gerade die Naturbelassenheit macht einen Großteil des herben Charmes aus, den der *Bafa Gölü* ausstrahlt. Auch wenn er einem schwitzenden Liegeradfahrer heute keine Annehmlichkeiten bietet.

Kurz darauf reiht sich Baustelle an Baustelle. Die Arbeiter sind von Garfield und mir begeistert: Wo ich stehenbleibe, rottet sich augenblicklich ein Grüppchen zusammen. »Woher, wohin, warum?«, will man allerorten von mir wissen. Die Antwort auf die letzte Frage fällt mir zunehmend schwer. Der gestrige Tag war harte Arbeit, heute scheint die Fahrt

noch anstrengender zu werden. »Behind those mountains, there are more mountains.«

Im namensgebenden Städtchen Bafa steuere ich das erstbeste Straßenlokal an und hoffe auf eine Neuauflage des »türkischen Frühstücks«. Stattdessen rollen zwei Frauen Teig auf einem runden Holztisch aus, bis das Ergebnis einer Crêpe gleicht. Diese belegen sie großzügig mit Schafskäse und Rucola und legen das Ganze auf einen Grill, ehe sie es zwei Männern am Nachbartisch kredenzen.

So etwas möchte ich auch! Ich deute auf den Holztisch und auf meinen Magen. Die beiden Köchinnen lachen auf und machen sich erneut ans Werk. Als sie mir das Resultat ihrer Arbeit präsentieren, bestehen sie darauf, dass ich mir den Namen der Köstlichkeit merke. So mache ich Bekanntschaft mit *Gözleme*. Von hier an würde ich jeden Morgen versuchen, an diese schmackhaften Energielieferanten zu kommen, und manchen Vormittag würden sie mir versüßen.

Den mir ungefragt spendierten Nachtisch, ein in Sirup eingelegtes Blätterteiggebäck, kenne ich in Deutschland als *Baklava*. Hier wie dort handelt es sich um kalorienreiche Zuckerbomben, aus denen der Sirup tropft, wenn man hineinbeißt. Man isst eine davon und hat anderthalb Tage keinen Hunger mehr. Der Restaurantbesitzer aber schüttelt den Kopf, als ich ihn nach dem Namen des Gebäcks frage. *Hanım göbeği*, sagt er und zwinkert mir zu.

Was soll das nun wieder sein? Dass *Hanım* »Frau« bedeutet, ist mir klar. Die Klärung meines Familienstands gehört zu den ersten Fragen, die mir unterwegs regelmäßig gestellt werden. Aber *göbeği*? Ich bemühe mein Wörterbuch und stelle fest, dass es sich um einen »Bauchnabel« handelt. Ich habe folglich soeben den »Bauchnabel einer Frau« verspeist – zuckersüß und gefährlich.

Ein Türöffner namens *çok güzel*

Nach der willkommenen Pause steuere ich das dreißig Kilometer entfernte Milas an. Kurz vor dem Ortseingang mache ich linkerhand der Straße in einem Olivenhain die Überreste der antiken Siedlung Euromos aus. Obwohl nur noch spärliche Gesteinsruinen übriggeblieben sind – in den Siebzigerjahren begonnene Restaurierungsversuche hat man kurze Zeit später abgebrochen –, scheint es Garfield hier zu gefallen. Ohne erkennbaren Grund wirft er plötzlich die Radkette von sich. Als ich in die Pedale trete, knirscht es gewaltig unter mir, dann läuft die Bewegung ins Leere. Mein Reisekumpan streikt; dabei ist heute nicht einmal Montag.

Von Garfields Eigenwilligkeit überrumpelt, stehe ich auf und blicke einigermaßen verdattert auf die am Boden liegende Kette, als bereits ein junger Mann herbeieilt und, als hätte er nur auf mein Missgeschick gewartet, an der Gangschaltung herumschraubt. Keine drei Minuten später hebt er die Kette auf das Zahnrad.

Garfield ist wieder startklar, ohne dass hierfür ein erklärendes Wort nötig gewesen wäre. Mein Helfer setzt bereits wieder über die Straße, als sei das alles nicht der Rede wert. *Güle güle*, ruft er mir über die Schulter hinweg zu. Sein Gruß hat nichts mit dem Ausstreuen von natürlichem Dünger auf Feldern zu tun, sondern bedeutet so viel wie »lachend«. Er drückt den Wunsch aus, dass der Aufbrechende sein Ziel in guter Laune erreichen möge. Kann man einem Reisenden Schöneres wünschen?

Von diesem Zwischenfall an verweigert mir Garfield konsequent zwei Drittel der Gänge, die mir eigentlich zustünden. Statt achtzehn verfüge ich nur noch über sechs unterschiedliche Widerstände.

In Milas angekommen entschließe ich mich zu einem frühen Etappenende und quartiere mich in einem Hotel nahe der Hauptstraße ein.

»Wasser und Obst bekommst du im Zentrum«, vertraut mir der Rezeptionist an. Der Stadtbummel dorthin gerät, ähnlich wie in Söke, typisch türkisch. Kaum lasse ich den Gürtel aus grau-beigen Zweckbauten hinter mir, werden die Häuser gefälliger. Der Müll verschwindet von den Straßen. Bänke und Stühle tauchen auf. Männer und Frauen, ordentlich voneinander getrennt, blicken mich aus dem Halbschatten überschaubarer Parkecken mit gedämpftem Interesse an.

Hätte ich Garfield bei mir, sprängen sie auf, lachten aus vollem Hals, zückten Fotohandys, riefen mir das allgegenwärtige *çok güzel* zu und wären froh, dass sie im Gegensatz zu mir im Schatten sitzen. Ähnlich wie das italienische »Ciao«, das ladakhische »Julley« und das bayerische »Basst scho« ist *çok güzel* eine allzeit einsetzbare Kurzformel, eine Art »Sesam-öffne-dich«, ein Puzzleteil, das immer passt. Und wie bei den fremdsprachlichen Äquivalenten bringt der inflationäre Gebrauch mit sich, dass *çok güzel*, türkisch für »sehr schön«, zuweilen nicht mehr allzu viel bedeutet. Du kommst aus Deutschland? *Çok güzel!* Du bist in einem Hotel am Straßenrand untergekommen? *Çok güzel!* Und morgen fährst du wieder mit einer Art Dreirad durch die Gluthitze? *Çok güzel!*

Wörtlich genommen trifft *çok güzel* hingegen auf beinahe alle türkischen Städte zu, in deren Zentrum ich gelangt bin. Ich freunde mich mehr und mehr mit deren Konzept an. Mir gefällt, dass man sich das Privileg, sie zu besuchen, erarbeiten muss. Blühende Vororte im Speckgürtel, die schöner als die eigentliche Stadt sind, wie Potsdam bei Berlin und der Starnberger See nahe München, habe ich in der Türkei nicht vorgefunden. Türkische Städte erinnern an Schmuckstücke, die in Zeitungspapier eingewickelt sind. Sie wollen entdeckt werden; im Kern zeigen sie ihre wahre Größe. Erst dort finde ich die Annehmlichkeit, die ich auf den Straßen vermisse – und heute, in Milas, zudem einen echten Schatz: ein nachahmenswertes Lebensprinzip namens *Keyif*.

Keyif, die türkische Art zu leben

Vergeht die Zeit im Westen schneller als im Osten? Man könnte es meinen, wenn man die Bewohner Madrids, Mailands und Münchens durch die Straßen hasten sieht. Immer sind sie auf dem Weg von oder zu einem Termin, viel zu rasch verfliegen die Stunden, Tage und Jahre. Sie gleiten uns durch die Finger. So viele Pläne wollen verwirklicht, so viele Vorhaben umgesetzt werden. Bei allem, was wir tun, begleitet uns die Ahnung, dass wir nicht leben, wie wir wollen. Dank unserer Angst, das Wertvollste zu verpassen, gedeiht eine millionenschwere Freizeit- und Wohlfühlindustrie.

Im Stadtzentrum von Milas wäre derartigen Angeboten wenig Erfolg beschieden. Hier, und noch stärker in den Dörfern, durch die ich auf meiner Fahrt noch kommen sollte, sorgen gewohnte Kreise – Familie, Verwandte und Teehausbekanntschaften – für eine stetige Umlaufbahn, die den Einzelnen verlässlich an überlieferte Werte bindet. Zähflüssig fließt die Zeit, zum Nachmittag hin wird sie klobig und kommt stellenweise ganz zum Erliegen.

Keyif nennt sich das süße Nichtstun, das diesen Effekt hervorruft. *Keyif* betreibt der Sechzigjährige, der links von mir unter einer Palme hockt und mit wohligem Gesichtsausdruck die erste Seite seiner Zeitung studiert, immer wieder unterbrochen von kurzen Gesprächen mit Passanten. *Keyif* vollziehen die beiden jungen Männer, die vor sich hinstarren, als hypnotisierten sie das Gras in ihrer Mitte. *Keyif* genießt die Dreiergruppe, deren Mitglieder in der vergangenen halben Stunde knapp vierzig Wörter miteinander gewechselt und ihr jeweiliges Teeglas zur Hälfte leergetrunken haben. Sie alle haben eine Art Zeitloch gefunden, eine Möglichkeit, den Lauf der Dinge anzuhalten, und sei es nur für eine Stunde. Während wir in Europa immer ausgefallenere Strategien entwickeln, um unser Freizeitverhalten zu »optimieren«, während wir »Wellness« benötigen und den »Freizeitkick« suchen, kommt *Keyif*, die selbstgenügsame Kontemplation, ohne Ablenkungen aus.

Die Nachmittagssonne führt Schattenspiele auf dem Boden auf. Ich nicke den drei trägen Teetrinkern zu. Dann begebe ich mich in die Obhut eines Olivenbaums und schlüpfe dort in den Moment hinein. Ich streife die Vergangenheit und die Zukunft ab, finde Unterschlupf im Auge der Zeit. Um mich herum weht der Lauf der Dinge. Ansichten plustern sich auf, Meinungen betreten die öffentliche Arena, Medien schreien uns vermeintliche Skandale ins Gesicht. Hier aber, im Zentrum von Milas, unter dem schaukelnden Dach eines Olivenbaums, im weichen Schoß von *Keyif*, hier herrscht »Zeitstille«.

Wie die Menschen um mich herum löse auch ich mich für einige wertvolle Momente von den hartnäckigen Begleitern *Namus*, *Saygı* und *Şeret*. Vor allem in der ländlichen Türkei ist die Ehre noch allgegenwärtig: Sie ist derart zentral, dass es drei Begriffe für sie gibt.

Namus ist die für »Westler« gewöhnungsbedürftigste Form der Ehre. Man besitzt sie von Geburt an, kann sie kaum steigern, wohl aber verlieren. Bei Frauen drückt sie sich durch die Treue zum Ehemann aus, bei Männern durch den Schutz der »sexuellen Reinheit« von Ehefrau und Töchtern. Jene stellen somit eine stete Gefahr für die Ehre des Mannes dar: Setzen sie sich einer geächteten Situation aus, beschmutzen sie damit die Ehre der gesamten Familie. Feministinnen mögen *Namus* daher als wirkungsvolles Instrument interpretieren, erfunden von Männern aus Angst vor Frauen, um diese in Schach zu halten.

Saygı, Respekt, bezeugen Kindern den Eltern und generell Jüngere den Älteren. Am augenscheinlichsten kommt *Saygı* zum Ausdruck, wenn der jüngere Gesprächspartner bei der Begrüßung die Hand eines älteren für einen flüchtigen Moment an seine Stirn führt. Kommt eine frisch verheiratete Ehefrau in die Familie ihres Mannes, muss sie sich *Saygı* erarbeiten – und das im Wortsinne. Uneingeschränkt respektiert wird sie dennoch erst, sobald sie einen Sohn zur Welt gebracht hat. Generell äußert sich die Macht der Frauen, die durchaus vorhanden ist, in türkischen Gemeinschaften subtil. Bei der Partnerwahl der Kinder beispielsweise spinnen die Mütter die Fäden und bearbeiten ihre Ehemänner entsprechend, die den anstehenden Bund dann nur noch auf die offizielle Ebene hieven.

Şeret, Ansehen oder Prestige, gründet sich wie in Deutschland auf unterstellter Kompetenz oder sichtbarem Reichtum.

Auch wenn der türkische Dreiklang aus Ehre, Respekt und Ansehen heutzutage nur noch moderat erklingt, schwingt er doch selbst in der modern anmutenden Westtürkei noch immer im öffentlichen und im privaten Leben mit. Bei Belästigungen empfiehlt es sich daher, *ayıp*, »Schande«, zu rufen statt »Hilfe«. Vielleicht liegt die große Entspannung, die heute Nachmittag Besitz von Milas' Stadtkern ergriffen hat, also auch darin begründet, dass *Namus*, *Saygı* und *Şeret* für ein paar wohlige Stunden ausgeblendet sind, da ja niemand irgendetwas tut.

Zum ersten Mal seit meiner Abfahrt meine ich, einen kulturellen Code dechiffriert zu haben und zu wissen, was um mich herum geschieht. Bisher bin ich lediglich durch das Land gefahren. Allmählich aber beginne ich, seine Regeln und Gewohnheiten zu verstehen und langsam, aber sicher, ein Teil von ihm zu werden.

Das Genie von Milas

Der gelassene Umgang mit der Zeit wirkt im Verborgenen. Letztlich aber lassen sich »türkische Eigenheiten« wie die Bewegungsfaulheit, das Feilschen und die Schicksalsergebenheit daraus ableiten.

Diejenigen Türken, denen ich auf meiner Reise begegnen sollte, zeichnen sich dadurch aus, dass sie gern sitzen. In klimatisierten Autos, im Schatten unter Bäumen, vor ihren Häusern, im Kreis der Familie sitzen sie stundenlang, trinken Tee und essen. Vielleicht wirken die meisten türkischen Männer daher untersetzt und bullig, ein wenig wie ehemalige Ringer oder wie Gewichtheber mit Bäuchlein. Die Frauen gleichen sich hingegen dem jeweiligen Schönheitsideal an: Sie sind schlank und aufreizend im Westen, rundlich und gebärfreudig im Osten.

Auch beim Feilschen, das mir aus der Warte des Durchreisenden oft wie eine ungerechte Abzocke vorkommt, geht es um den Umgang mit der Zeit. Indem ich mir Zeit nehme, um zu handeln, erweise ich meinem Gesprächspartner Respekt. Ich lerne seine Strategie, nicht selten auch seine Lebensumstände, kennen. Beim Feilschen ist Zeit daher Geld, wenngleich genau umgekehrt als im üblichen Sinn: Minuten und Stunden gelten als Währung, und wer sie einsetzt, spart Bares.

Doch ist es denn gerecht, empört sich der Europäer in mir, wenn zwei Personen einen unterschiedlichen Preis für dasselbe Produkt bezahlen? Aber klar doch! Es ist sogar weitaus gerechter, als wenn alle – der Bettler und der Millionär, der Gehetzte und der Gemächliche – das Gleiche berappen. Hängt der Preis doch davon ab, wie gern man etwas haben möchte und wie geschickt man vorgeht, um die eigenen Wünsche zu erfüllen. Worauf man sich am Ende einigt, ist auf die Person und deren Umstände zugeschnitten – und es kommt selten vor, dass der arme türkische Arbeiter und der reiche Hausbesitzer aus *Almanya* denselben Preis bezahlen.

Die Schicksalsergebenheit schließlich, jene vielleicht türkischste aller Eigenschaften, bedeutet kein Aufgeben, sondern ein Aufgehen in den Möglichkeiten, die man erkennt, wenn man die unveränderbaren Gegebenheiten erst einmal anerkannt hat. Die Araber sprechen von »Kismet«

und meinen damit keinen Fatalismus, sondern eine Art Urvertrauen darauf, dass trotz aller temporärer Unglücke alles in die richtige Richtung weist. Sie haben dafür das Bild des Menschen als Pfeil erfunden, abgeschossen von Allah, der allein das Ziel kennt. Im Verlauf des Fluges aber glauben wir, dass wir aus eigenem Antrieb flögen.

Noch in Milas sollte ich Gelegenheit bekommen, die drei türkischen Eigenheiten – das Sitzen, das Feilschen und ganz besonders die Schicksalsergebenheit – ausgiebig zu üben. Als habe jemand einen Pfeil abgeschossen, um mich mit den türkischen Gepflogenheiten vertraut zu machen, der mich schon bald mitten ins Herz treffen sollte.

Garfields Lenker wackelt wie ein loser Türknauf, als ich das Hotel früh am folgenden Morgen verlasse. Ich zupfe an seiner rechten Seite, im nächsten Augenblick fällt er scheppernd zu Boden. Die ihn haltende Schraube ist in zwei Teile zerbrochen. Ungläubig starre ich auf die herumliegenden Einzelteile, die sich noch bis vor einer Sekunde zu einem funktionstüchtigen Liegeradlenker gruppiert hatten. Ich gehe in die Hocke, dann suche und fluche, schraube und schnaube, drehe und flehe ich eine geschlagene Stunde, ehe ich aufgebe.

Ratlos wische ich mir mit dem rechten Handrücken den Schweiß von der Stirn. Mein T-Shirt ist durchgeschwitzt. Großzügig hat die Radkette Öl auf meiner Hose verteilt. »Kismet reloaded«: Sollte der Pfeil, den ich in İzmir abgeschossen habe, nicht weiter als bis nach Milas fliegen? Vorerst widerstehe ich dem Drang, meinen untreuen Reisegefährten zurückzulassen und per Bus weiterzufahren. »Durchalten, Thomas!«, hämmere ich mir ein. »Gestern hat der Österreicher Felix Baumgartner die Schallmauer durchbrochen, als er aus fast vierzig Kilometern Höhe auf die Erde herabgesprungen ist. Und du gehst vor einer kaputten Schraube in die Knie? Niemals!« Widerwillig klaube ich die herumliegenden Einzelteile zusammen und kehre damit zum Hotel zurück. Der adrette junge Mann, von dem ich mich vor einer guten Stunde verabschiedet hatte, spricht Sätze wie in Zeitlupe in den Telefonhörer, um die Buchung eines vermutlich ausländischen Gastes zu bestätigen. Seine Haltung ist untadelig, seine Stimme wirkt angenehm, sein Gesicht weist keine markanten Eigenheiten auf. Begegnete ich ihm auf der Straße, liefe ich achtlos an ihm vorüber. Nichts deutet auf seine Superkräfte hin, die sich in der kommenden Minute entfalten sollten.

Die meisten Superhelden leben vom Widerspruch zwischen Alltag und Fantasie. Ehe er ins Batman-Kostüm schlüpft, ist Bruce Wayne ein einsamer und verletzlicher Mann. Wenn er nicht Superman ist, schlägt sich Clarke Kent als linkischer Journalist mehr schlecht als recht durchs Leben. Auf diese Weise machen Actionhelden die Tatsache erträglich, dass wir selbst so furchtbar gewöhnlich sind. In keiner Schlacht müssen wir uns beweisen, Extremsituationen sind rar gesät – und am schlimmsten ist für uns, dass wir uns im verbliebenen Mittelmaß recht gut eingerichtet haben. Erst wenn es darauf ankommt, befreien wahre Helden daher ihre Superkräfte. Dann flitzt Spiderman die Wände empor, und Tomb Raider zeigt ihre ausgeklügelsten Kampftechniken.

Im Moment kommt es darauf an. Der Rezeptionist legt den Hörer sacht auf die Gabel und mustert mich von oben bis unten mit unverhohlener Neugier. Im selben Augenblick wird mir klar, dass er meine Situation präzise erfasst hat. Zugegeben, einige Anhaltspunkte lassen an Deutlichkeit nichts zu wünschen übrig: Meine Hosenbeine sind ölverschmiert, mein T-Shirt ist verschwitzt, mein Blick flehend bis verzweifelt. In den Händen halte ich noch immer die Einzelteile meines Lenkers nebst der kaputten Schraube. Noch in der Sekunde, in der mich der Rezeptionist mit seinem Blick auf Herz und Nieren prüft, zeigen sich seine Superkräfte: eine rasche Auffassungsgabe und eine überbordende Hilfsbereitschaft, verbunden mit dem Wissen, was zu tun ist.

»Come with me«, bedeutet er mir. »Komm mit mir.« Ich folge ihm zu einem dunkelblauen Moped und steige hinter ihm auf den Sattel. Fünfzehn Minuten fahren wir kreuz und quer durch Milas. Nach wie vor trage ich die Einzelteile des Lenkers in meinen Händen.

Schließlich biegen wir in einen schäbigen Hinterhof ab und halten vor einer heruntergekommenen Garage, aus der ein vielversprechendes Klopfen zu hören ist. Behände springt der Rezeptionist vom Moped und geht mit federnden Schritten auf einen korpulenten Mittfünfziger zu. Nichts an ihm erinnert mehr an die Dienstbeflissenheit, die ihn im Hotel umhüllt hat. Dennoch muss ich unwillkürlich schmunzeln, als sich mein Retter wild gestikulierend neben den Mechaniker stellt. Jener ist über und über mit Fettrückständen beschmutzt, überragt den Rezeptionisten um einen Kopf und bringt mit Sicherheit einhundertundzwanzig Kilogramm auf die Waage. Von Zeit zu Zeit streicht er sich nachdenklich über den Bauch. Mit seinem dröhnenden Lachen könnte er ein Rudel Wölfe in die Flucht schlagen.

Nach gut zehn Minuten reichen sich die beiden die Hände. Sie sind handelseinig geworden. Der Rezeptionist dreht sich zu mir um und wirft mir einen Blick zu, der ausdrückt, dass jetzt alles in Ordnung kommen wird. Auf sein Geheiß breite ich die Einzelteile des Lenkers vor dem Mechaniker aus. Dieser runzelt die Stirn, lässt erneut eine Lachsalve erklingen, dass die Wände wackeln, und klopft mir dann aufmunternd auf den Rücken.

In der folgenden Stunde sägt und lötet, feilt und schleift er an den Materialien herum, die ich ihm vorgelegt habe. Bis dahin hatte ich keine Ahnung, was man alles mit einer Schraube anstellen kann! Am Ende der Prozedur hat der Mechaniker das untere Drittel der Schraube abgetrennt und gegen den Rumpf einer anderen Schraube ausgetauscht. Sicherheitshalber gibt er mir noch zwei Muttern mit, die dafür sorgen sollen, dass der Lenker von nun an an seinem angestammten Platz bleibt, selbst wenn ich mit siebzig Stundenkilometern den Hang hinunterrase. Für die Arbeit samt Material bezahle ich umgerechnet zwei Euro.

Am Hotel angekommen, lässt es sich der Rezeptionist nicht nehmen, den Lenker mithilfe der neuen Schraube selbst an das Liegerad zu montieren. Nachdem ich mich überschwänglich bei ihm bedankt und ihm klargemacht habe, dass meine Reise ohne ihn bereits nach drei Tagen zu Ende gewesen wäre, begibt er sich wieder an die Rezeption, verschmilzt auf dieselbe unerklärliche Weise wie zuvor mit der Umgebung und wird dadurch zu einer Art Hotelmobiliar, einer Kummerbox, an die man Wünsche und Bedürfnisse heranträgt.

Wie viele Menschen verrichten tagtäglich wie er den ihnen zugedachten Dienst und bringen das latente Genie, das in ihnen schlummert, erst in besonderen Augenblicken zum Vorschein? Wie viele von ihnen werden notorisch unterschätzt, während begünstigte Emporkömmlinge vor ihren Augen mit ihrem Glück prahlen? Und wo sonst kommt das Menschsein derart intensiv zum Ausdruck, jene Gewissheit, dass man, wenn man wirklich Hilfe benötigt, diese auch von Fremden erfahren kann?

Was das Genie von Milas so eindrucksvoll demonstriert, sollte ich im Verlauf meiner Türkeireise immer wieder erfahren: Statt einstudiertem Servicecharakter oder schlecht kaschierter Schlitzohrigkeit, vor denen ich von deutschen Türkeiurlaubern gewarnt worden war, sollte ich allerorten auf offene, sensible Menschen treffen, die sich darüber freuen, dem Gast etwas Gutes tun zu können. Und von Milas an sollte ich nie wieder Probleme mit Garfields Lenker haben.

Ein Pinsel fährt durch einen Wasserfarbenkasten

Vorerst ist die Gefahr, dass sich die unzuverlässige Schraube bei einer wilden Hatz lösen könnte, gering: Es geht bergauf, anschließend bergauf und dann noch einmal bergauf. Sechseinhalb Stunden lang schraube ich mich empor. Zum Greifen nah scheinen die Spitzen des taurischen Gebirges zu sein, das hier Höhen von knapp zweitausend Metern erreicht.

Erst kurz vor dem Städtchen Yatağan senkt sich die Straße talwärts. Garfield, der den ganzen Tag verschlafen und die Arbeit mir überlassen hat, beginnt zu zittern. Schneller als mein Auge folgen kann, drehen sich seine drei Räder über dem Asphalt. Wir stürzen Yatağan in die Arme.

Dort empfängt man mich in etwa wie den türkischen Staatspräsidenten Tağip Erdoğan. Hände strecken sich mir entgegen, Daumen zeigen in die Höhe, Fotoapparate und Mobiltelefone werden gezückt. Ein Schwall Fragen und Hinweise, Rufe und Lachen ergießt sich über mich. Nach Yatağan, das sich fernab der Strände in eine geräumige Talmulde duckt, gelangen nur selten blasshäutige Wesen auf neuartigen Dreirädern.

Eine Traube Einheimischer folgt mir zum »Hotel Sultan«, drängt sich in den Eingangsbereich, schaut zu, wie ich Garfield in der Lobby unterbringe und trollt sich erst von dannen, als ich ein Zimmer besichtigt und für gut befunden habe. »Meine Damen und Herren, damit ist die Vorstellung beendet; kommen Sie morgen wieder und erleben Sie mit, wie der seltsame bleiche Kauz frühstückt!«, schießt mir durch den Kopf. Mein Lob des Zimmers ist indessen ernst gemeint. Obwohl es umgerechnet nur achtundzwanzig Euro kostet, muss es den Vergleich mit deutschen Dreisternehotels nicht fürchten. Von Milas bis nach Yatağan hat sich meine Stimmung heute stetig aufgehellt, bemerke ich zufrieden, bevor ich zu den Klängen des öffentlichen Nachtgebets einschlafe.

Als sich früh am folgenden Morgen die erste Anhöhe ankündigt, freue ich mich beinahe über ihren Anblick. Selbst als es kurz darauf zehnprozentig bergauf geht, fällt Garfields Geschwindigkeit nicht unter fünf Stundenkilometer. Wie die Zeiger einer Uhr die Zeit schieben meine Beine das Liegerad taktgenau vorwärts. In einem Tross aus modernen Motorrädern, verbeulten Volvos und lärmenden Lastwagen erreiche ich kurz darauf die Provinzhauptstadt Muğla. Alles um mich herum hupt, schreit und winkt. Vor allem die Lastwagen verfügen über eine erstaunliche Bandbreite an Hup- und Sirenengeräuschen, mitunter gar über ganze Tonleitern und Liedmotive. Ausgelassen klingele ich zurück.

Vier Tage habe ich gebraucht, um mich an die neue Art des Vorwärtskommens zu gewöhnen. Vier Tage, um wieder in Form zu kommen. Dass sie nötig waren, verdanke ich dem Umstand, dass ich seit meiner Frankreichumrundung per Postrad vor drei Jahren praktisch keine Radtouren mehr unternommen habe. Jetzt aber habe ich meinen Rhythmus wiedergefunden. Erhobenen Hauptes gleite ich durch Muğla, dem man den Reichtum ansieht – die gleichnamige Provinz weist Touristenmagnete wie Bodrum und Fethiye auf.

Weitläufige Täler, aus denen schroffe Berge zu wachsen scheinen, sind durchzogen von sattgrünen, mit Büschen besprenkelten Bergwiesen. Vereinzelt ragen Pinien und Kastanienbäume in den Himmel. Zum ersten Mal seit meiner Abfahrt von İzmir erscheint mir die Gegend, durch die ich fahre, uneingeschränkt reizvoll. Zudem habe ich mit Garfield Freundschaft geschlossen. Gestern habe ich ihm noch Sabotage vorgeworfen, heute aber kommt es mir vor, als sei er endlich aufgewacht – als sei er es, der mich antreibt, statt umgekehrt. Mit selbstverständlicher Regelmäßigkeit zwingen meine Beine die Pedale in die Kreisbewegung. Es ist ein machtvolles Mantra, eine hilfreiche Hypnose, die mich in der Gegenwart hält. Reibungslos füge ich mich ein in die große Veränderung, der alles

Leben unterworfen ist: in das Ineinanderfließen der Jahreszeiten, den Kreislauf aus Regen und Verdunstung, den Schichtwechsel von Sonne und Mond. Mit einer seltsamen Mischung aus Augenblicksbezogenheit und Entgrenztheit fahre ich voran.

Als ich erstmals den Namen meines heutigen Etappenziels auf einem Straßenschild ausmache, perlt das Blut in meinen Adern noch immer wie Champagner. Es sind Glücksmomente wie diese, die mich innerhalb weniger Minuten die Sorgen und Strapazen der vergangenen Tage vergessen lassen.

Köyceğiz, das Städtchen am gleichnamigen See, liegt jenseits meiner sprachlichen, glücklicherweise aber nicht meiner körperlichen Fähigkeiten. Dreißig Kilometer vor meinem heutigen Etappenziel wirft sich die Straße dem Meer entgegen, das ich weit unter mir als dunkelblauen Fleck ausmache. Ich steuere die erste Ausbuchtung an und parke Garfield dort vor einem Mauerrest, hinter dem ein spektakulärer Abgrund gähnt. Immer kurz vor einer Talfahrt, wenn Garfield beginnt, vorwärts zu drängen, setze ich bewusst eine Pause, lasse Autos und Minuten an mir vorüberziehen und warte ab, bis der Schweiß auf meinen Kleidern halbwegs getrocknet ist. Der Fahrtwind würde ihn sonst bei der Abfahrt in eine Art Eisschicht verwandeln. Aus den Momenten, in denen ich vorwärtspresche, und den Pausenzeichen ergibt sich die Symphonie meiner Reise.

Heute werde ich für dieses Vorgehen reich belohnt: Geradezu exhibitionistisch heischt die Aussicht nach meiner Aufmerksamkeit. Am Ende des Abgrunds erstreckt sich ein weitläufiges Tal. An seinem südlichen Rand schmiegt sich Marmaris sichelförmig an den Ozean. Direkt unter mir mache ich das Städtchen Gökova aus und sehr weit links hinten, dort, wo das Blau eines Sees wie eine Ahnung in der Luft hängt, befindet sich Köyceğiz. Eine wie mit dem Lineal gezogene Straße führt über fruchtbare Hügel und malerische Talsenken dorthin.

Sicherheitshalber ziehe ich Garfields Schrauben nach, drehe die Baseballmütze im Stil US-amerikanischer Gangster-Rapper um und lenke mein Gefährt zurück auf die Straße. Dort angekommen, lasse ich die Bremsen los.

Im ersten Moment scheint Garfield nervös am Abgrund zu schnuppern. Bald aber drehen sich seine drei Räder schneller und schneller. Er lässt ein freudiges, heller werdendes Sirren erklingen. Der Wind springt mir entgegen; der Wimpel knattert über mir wie eine Maschinengewehrsalve. Felsen, Bäume, das Unterholz am Wegrand und die Markierungen der Straße vereinigen sich zu einem flüchtigen Farbteppich. Die Konturen der Landschaft lösen sich auf. Die Formen verwischen. Gewissheiten werden zu Eindrücken, die nach allen Seiten davonstieben. Es gibt nichts Festgefügtes mehr, außer den drei Rädern, die sich beharrlich um die eigene Achse drehen, schneller, als meine Blicke ihnen folgen können. Ich bin ein Pinsel, der schwungvoll durch einen Wasserfarbenkasten fährt.

So habe ich mir meine Türkeitour vorgestellt! Übermütig schneide ich Haarnadelkurven, lehne mich wie ein Motorradfahrer weit zur Innenseite hin, um die Fliehkraft auszugleichen. Kaum zehn Zentimeter über dem Asphalt rase ich talwärts, ein irrer Meteorit, unweigerlich angezogen von einem gigantischen Magneten, der dort unten in der Erde vergraben ist. Fünfzig, sechzig, siebzig Stundenkilometer zeigt das Tachometer an. Das ist keine Fahrt mehr, das ist ein Sturz, und ich genieße ihn überschwänglich.

Kurz vor Marmaris, als die Strecke bereits flacher zu werden beginnt, ziehe ich auf die Überholspur und lasse einen röhrenden Lastwagen hinter mir zurück. Sein Fahrer starrt mir ungläubig hinterher. Was kann ich dafür, dass er so langsam fährt?

Von Rauch umhüllte Vokale

Unübersehbar mehren sich die Zeichen, dass ich die touristisch geprägte lykische Küste ansteuere. Es beginnt damit, dass die Straßenverkäufer Englisch sprechen und die Preise für Bananen und Granatäpfel steigen. In einem Restaurant am Straßenrand bestelle ich *Köfte*, mit Tomaten, Zwiebeln und Koriander verfeinerte Hackfleischbällchen, die sich auf Anhieb den Spitzenplatz auf meinen weiteren Speisezetteln sichern. Die Toilette, die ich im Restaurant vorfinde, ist »à la turka«: Anstelle einer Kloschüssel befindet sich ein Loch im Boden, neben dem ein Wassereimer steht. Mir kommt diese Art, sich zu erleichtern, ungleich hygienischer vor als jene zu Hause: Kein entblößtes Körperteil kommt mit einer Fläche in Berührung.

Kurz vor Köyceğiz zögere ich. Die heutige Wegstrecke hat mir eher Kraft verliehen als genommen; die Straße nach Ortaca und Fethiye zeigt wie ein großer Finger verführerisch in eine von weitläufigen Feldern umrahmte Ebene hinaus. Doch ich möchte mein Glück nicht herausfordern und biege nach Köyceğiz ab.

Sogleich nimmt mich eine Allee an die Hand und führt mich durch ein Spalier aus Palmen und Bananenstauden zum Stadtkern, einem verkehrsberuhigten Platz, hinter dem sich eine wohltuend leere Seepromenade links und rechts erstreckt. Aufs Geratewohl wähle ich den rechten Abschnitt der Promenade und folge seinem Verlauf nordwestwärts. Gelassen winken mir Fischer zu, neben denen Katzen geduldig auf ihren Teil des Fangs warten. Kaum zwei Minuten später empfängt mich eine dreistöckige, blumengeschmückte Pension. Von ihrem obersten Balkon blicke ich bald darauf herab auf die Promenade und den dahinter liegenden See, auf dessen Oberfläche der Wind mit unendlicher Geduld immer neue Muster malt.

Als ich mich sattgesehen habe, erkunde ich beschwingten Schrittes das Städtchen. Köyceğiz ist selbst dort noch ansehnlich, wo es nicht mehr an den See grenzt. Es kommt ohne die gereizte Überspanntheit touristisch geprägter Großstädte aus, deren Einwohner und Gäste permanent Angst haben, den neuesten Trend zu verpassen. Mit steigendem Genuss stromere ich durch die Gassen, kaufe die drei täglichen Flaschen Wasser und kehre dann wieder zum Hauptplatz zurück, um etwas Essbares aufzutreiben.

Säuberlich getrennt von den Einheimischen sitzen Touristengruppen in zwei nebeneinanderliegenden Restaurants, die bereits am Eingang mit »alkoholischen Getränken« locken. In einem dritten hocken fünf Türken an einem Plastiktisch und unterhalten sich angeregt mit dem Restaurantbesitzer. Ohne zu zögern suche ich dieses Lokal auf und bestelle *balık ekmek*, ein Fischbrötchen, dessen Geschmack mich augenblicklich dazu bringt, ein zweites zu ordern. Der Restaurantbesitzer wirft den versammelten Gästen einen triumphierenden Blick zu und legt mir ein besonders saftiges Fischfilet ins Brötchen, das er mit einer Extraportion Chili würzt. Ich bezahle »So-gut-wie-nichts« und bekomme »Nicht-der-Redewert« zurück. Als ich auch das zweite Fischbrötchen in Rekordtempo verdrückt habe, nicken mir die fünf Türken anerkennend zu und spendieren mir eine Runde *Rakı*. Das inoffizielle türkische Nationalgetränk nennt man auch *arslan sütüsü*, »Löwenmilch«, weil es sich, mit Wasser verdünnt, weiß färbt. Ich mag den Geschmack nach Anis, Feigen und Weintrauben. Und ich bin mir sicher, dass die Touristen am anderen Ende des Platzes im Vergleich zu mir einen acht- bis zehnmal höheren Preis für ihr Abendessen bezahlen werden.

Als ich, satt und zufrieden, auf der Seepromenade zurück zur Pension schlendere, beweist die Sonne Zeitgefühl und geht fulminant hinter den Bergausläufern unter, die ich heute Nachmittag hinter mir gelassen habe.

Eine der Katzen war endlich erfolgreich: Vor meinen Augen verschlingt sie die Reste eines Fischskeletts.

Bereits fünfzig Schritte vor der Pension höre ich die türkische Reisegruppe, die sich im Garten des Hotels niedergelassen hat. Aufgehübschte Mädchen und junge Burschen tummeln sich um einen Grill, dessen Rauch direkt zum Balkon meines Zimmers emporsteigt. Auf einer improvisierten Bühne, kaum mehr als ein Bretterverschlag, fragt sich ein rundlicher Sänger mit immer verzweifelterem Wehklagen, wo die Liebste bleibt, nach der er sich so verzehrt. *Neredesin, ohooowoo, neredesin?* – »Wo bist du?« Die Melodien, die ein Keyboard dazu ausspuckt, sind kaum der Rede wert: Easy-Listening-Akkorde aus der Retorte und die ewige Variation des Quintenzirkels. Dominante folgt auf Subdominante, die auf die Tonika folgt. So haben wir das von klein auf gelernt, und so ähnlich klingt beinahe jedes Lied, das aus Radiolautsprechern dudelt.

Aber diese Stimme! Dieses wohlige Knarzen im Kehlkopf, diese von Rauch umhüllten Vokale, in denen sich eine ganze Welt spiegelt! Würden mir die Verkäufer, denen ich unterwegs begegne, ihre Waren mit einer solchen Stimme anpreisen, müsste ich alle paar Tage neue Satteltaschen anbringen, um alle Einkäufe verstauen zu können. Für einige wertvolle Momente steht der korpulente Mittvierziger, der ansonsten kaum aufgefallen wäre, unangefochten im Zentrum der Aufmerksamkeit. Er sammelt die anwesende Energie, bündelt die Dramatik, fängt sie in langsamen Tonfolgen auf und lässt sie anschließend in stakkatoartigem Sprechgesang auf die Menge regnen.

Neredesin, ohooowoo, neredesin? Selbst Arnold Schwarzenegger in der Rolle des Terminators müsste eine Träne verdrücken, wenn er das hörte. Der Sänger hat keinerlei Mühe, den Garten mit seiner Präsenz zu füllen. Und auch nicht das Zimmer darüber, in dem ein Liegeradfahrer heute Abend lange vergeblich nach Schlaf sucht.

Im Schwitzkasten der Berge

Der folgende Tag beginnt, wie der vergangene aufgehört hat: Mit fünfundzwanzig Stundenkilometern gleite ich dicht über den Boden dahin. Die Felder umwerben mich mit Düften nach Tomaten, Zitronen und Granatäpfeln. Kurz vor Ortaca scheint jedoch ein übellauniger Riese die Straße einfach hochgeklappt zu haben. Ich klebe am Asphalt wie eine Fliege im Spinnennetz. Angefeuert von hupenden Lastwagen schnaufe ich einen Hügel hinauf, trinke auf der Kuppe anderthalb Liter Wasser und gleite anschließend, rechts und links grüßend, durch Ortaca hindurch.

Direkt hinter der Stadt fängt mich ein Pappschild ein, das mit zwei unschlagbaren Argumenten um Gäste wirbt. *Gözleme ve çay* lese ich aus dem Augenwinkel, »*gözleme* und Tee«. Reflexartig krallen sich meine Hände um die Bremsen. In einer Staubwolke stelle ich Garfield vor dem Eingang eines unscheinbaren Schuppens ab.

An der dunklen Bar bestelle ich einen Tee, obwohl das Ambiente nicht eben heimelig wirkt und ich vorerst keine Sitzgelegenheit ausmache. Der Kellner weist dennoch mit der rechten Hand ins Rauminnere und bedeutet mir, Platz zu nehmen. Ich tappe unsicher in die angedeutete Richtung, dann drehe ich mich nach ihm um. Platz nehmen, gerne, nur wo? Mein Gastgeber lächelt und fächelt mit der Rechten in meine Richtung. Da erst bemerke ich die angelehnte Hintertür. Ich stoße sie auf und trete hinaus in ein Gärtchen. Dort entfährt mir ein Ausruf des Entzückens, den der Kellner mit einem zufriedenen Brummen goutiert.

Zwischen Palmen, Platanen und Pinien sind Tische und Stühle so harmonisch in das Gras gesetzt, als wüchsen sie seit jeher an dieser Stelle aus der Erde. Beinahe ehrfürchtig lasse ich mich an einem der Ensembles nieder. Der Kellner tänzelt herbei, umgeben von aufgescheuchten

Hühnern, spielenden Katzenkindern, einer drolligen Bulldogge und einem ihn hartnäckig umkreisenden Truthahn. Gegen den müsse ich meinen Tee verteidigen, bemerkt er, als er die Tasse vor mir auf den Tisch stellt.

Schon mehrmals habe ich auf meinen Reisen eigenwillige Kleinode wie dieses kennengelernt, die direkt neben den Landstraßen gedeihen. Achtlos fährt das Gros der Autofahrer an ihnen vorüber. Einige aber, die gemütlicher als andere unterwegs sind, bleiben hängen. Sie treffen auf eine Symbiose aus Schönheit und Zweckmäßigkeit, auf unerwartet gepflegte Parallelwelten, die nur im Verbund mit der angrenzenden Straße existieren können. Von dort träufeln beständig ideale Kunden herein: Hungrig sind sie, durstig auch, und rasch wieder weg.

Eine dreiviertel Stunde lang bin ich einer von ihnen. Im Garten bei Ortaca lade ich meine Motivation auf und schwinge mich anschließend mit neuem Elan auf mein Liegerad.

Kurz darauf schiebt sich eine echte Gemeinheit in mein Blickfeld. Das Straßenschild zeigt einen Tunnel an, auf Türkisch natürlich *tünel* genannt. Ein böses schwarzes Loch ist auf das Schild gemalt. Daneben ist die Zeichnung eines Fahrrads angebracht. Ein dicker roter Strich führt diagonal hindurch. Nicht dass ich scharf darauf gewesen wäre, mit dem Bruchteil der Geschwindigkeit anderer Verkehrsteilnehmer durch einen dunklen Betonschlauch zu fahren. Doch wie soll es von hier an weitergehen, wenn ich nicht durch den vor mir liegenden Berg fahren darf? Wohin führt mich die kaum erkennbare Abzweigung, die fünfzig Meter vor dem *tünel* beginnt? Wohin gelange ich, zum – Himmel nochmal!

Ich hätte es wissen müssen. Es liegt ja auf der Hand. Wer nicht durch einen Berg hindurchfahren darf, der muss über dessen Gipfel hinweg! So beginnt das mir inzwischen vertraute Spiel von neuem: Die Anzeige des Tachometers friert bei vier Stundenkilometern fest. Schweiß zieht sich in

Schlieren die Innenseiten meiner Sonnenbrille hinab, tropft von meinen Ellbogen und besprenkelt den Boden um mich herum. Die Zeit dehnt sich wie Kaugummi.

Ich beginne zu hecheln wie ein junger Hund, muss immer häufiger Zwangspausen einlegen, in denen ich absteige und meine Beine ausschüttele. Das Gehupe der Traktoren und Wohnmobile, die mich überholen, kommt mir mittlerweile wie Mitleid vor. Zu allem Überfluss mantelt sich die Sonne jetzt, da der Fahrtwind implodiert ist, mächtig auf. Unbarmherzig nimmt sie mich in den Schwitzkasten.

Die Zeit hält den Atem an. Die Welt hört auf, sich zu drehen. Alles ist reduziert auf einen keuchenden Liegeradfahrer, der kein Gefühl mehr dafür hat, wie lange er bereits, Kurve für Kurve, aufwärts fährt. Irgendwann, sehr viel später, flacht die Straße ab. Jede Pedalumdrehung gerät mir ein klein wenig leichter als die vorherige. Die Geschwindigkeitsanzeige taut auf und klettert langsam in den zweistelligen Bereich. Nach und nach schalte ich in die nächsthöheren Gänge.

Einmal mehr kommt es mir vor, als erwache Garfield aus seiner Lethargie. Willig schneidet er Kurven, holpert über Schlaglöcher und schießt dann wie ein Pfeil abwärts, der Landstraße entgegen, die uns hinter dem Berg erneut aufnimmt. Das dort einsetzende Gehupe erinnert nicht länger an Mitleid, sondern an Neid. Das ist der gerechte Lohn nach der zurückliegenden Quälerei.

Der lange Arm Europas

Wie ein aufgescheuchtes Reh rast Garfield durch eine langgezogene Rechtskurve, an die sich das Städtchen Göcek schmiegt. An ihrem Ende mache ich eine gewaltige Tankstelle mit angeschlossenem *lokanta* aus. Gerade als die zweite Portion *Köfte* in einer fulminanten Kruste aus

Chili, Curry und Kardamom auf meiner Zunge prickelt, löst sich ein Renault aus dem Verkehrsstrom. Die Fahrerin steigt aus und bedeutet dem Tankwart, den Wagen vollzutanken. Ihr Sprössling reißt unterdessen die Tür auf, schießt auf Garfield zu, umtanzt ihn wie ein Kultobjekt und ruft in lupenreinem Englisch aus, dass seine Mutter sich dieses seltsame Ding endlich anschauen solle. Wenig später parkt sie den vollgetankten Renault direkt neben meinem Liegerad und setzt sich dann auf den freien Platz mir gegenüber.

Mary-Ann stammt aus London. Sie hat eine Vorliebe für hochpreisige Sonnenbrillen, trägt rosafarbene Sandalen und spricht jenes Schulenglisch, bei dem ich automatisch Haltung annehme, weil es so vornehm klingt. Dagegen kann ich nichts machen: Angesichts der näselnden Vokale und der distinguierten Wortwahl meiner Gesprächspartnerin fliegen augenblicklich Bilder weitläufiger Grafschaften, lustig gekleideter Buckingham-Palastwachen und Arthur-Canon-Doyle-Hunden an meinem inneren Auge vorbei. Dabei hat Mary-Ann bereits in jungen Jahren einen aus Ankara zugewanderten Mittelständler geheiratet, weshalb ihr voller Name nunmehr zwei Bindestriche aufweist: Mary-Ann Miller-Talas. Im Sommer lebt das Paar in England und winters in Göcek. Dank der Ortswechsel genießen sie eine ganzjährig gleichbleibende Temperatur.

Zuerst bedenkt mich Mary-Ann mit dezentem Interesse, doch als ich ihr erzähle, wohin ich unterwegs bin, geraten ihre Mutterinstinkte auf Abwege und docken an mir an. Mit stoischem Lächeln lasse ich die bekannte Unfall-Entführung-Diebstahl-Hitze-Leier über mich ergehen. Ganz unrecht hat Mary-Ann mit ihren Warnungen nicht. Irgendjemand muss auf dieser Welt ja die Stimme der Vernunft erheben, und wir Männer sind es bestimmt nicht. Aber muss diese Stimme wirklich so leicht ins Hysterische kippen? Nein, Mary-Ann, ich glaube nicht, dass die Bremsen bei der nächsten Talfahrt versagen, warum sollten sie? Nein, bisher hat mich noch kein Autofahrer in den Straßengraben gedrängt; die Verkehrsteilnehmer fahren sehr umsichtig. Doch, ich weiß, dass sich Antakya in der Nähe der syrischen Grenze befindet, und ich möchte dennoch dorthin fahren.

Am Ende drückt mir die besorgte Mutter einen Zettel in die Hand, auf dem die Telefonnummer ihres Mannes steht. Ich könne ihn jederzeit anrufen, versichert sie mir, auch mitten in der Nacht, sollte ich in Schwierigkeiten geraten. Zum Abschied legt sie noch einmal die Stirn in Falten, dann erst lässt sie Garfield und mich weiterziehen. Natürlich meint sie es gut mit mir, und ich bedanke mich durchaus ernsthaft für den Zettel. In Wahrheit aber, auch das ist mir klar, will ein Teil von Mary-Ann bei aller Fürsorge nicht, dass ich mein Ziel erreiche. Ein junger Mann, der die gewohnten Bahnen verlässt und sich auf eine in ihren Augen sinnlose Reise begibt, der ohne Not auf eine ganze Reihe Annehmlichkeiten verzichtet und das am Ende auch noch genießt, passt einfach nicht in ihr Weltbild. Demzufolge unterhält man sich über Mode und Filme, trägt Deo und Parfum und genießt das heimliche Erschauern der Freundinnen, wenn man ihnen erzählt, dass man einmal mehr einen Winter in der Türkei – der Türkei! – verbringen wird.

Natürlich gäbe Mary-Ann das niemals zu. Ihre Warnungen sind jedoch der kaum verhüllte Versuch, mich von meinem Vorhaben abzubringen. Der lange Arm Europas, dessen übersättigte Bewohner vor lauter Ereignislosigkeit Dinge erfinden, vor denen sie sich fürchten, reicht heute bis nach Göcek. Nur ihr neunjähriger Sohn, den Mary-Ann förmlich von Garfield wegziehen muss, zöge am liebsten gleich von hier an mit mir weiter.

Am bekanntesten Sandstrand der Türkei

Hügelauf und hügelab führt mich die Straße, ehe sie sich ihres Ziels besinnt und schnurgerade auf Fethiye zuhält. Zwei gut gekleidete junge Männer auf einem Moped überholen mich. Der Hintermann dreht sich um, richtet sein Mobiltelefon auf mich und schießt Foto um Foto. Es würde mich nicht wundern, wenn noch am selben Abend Bilder eines verschwitzten Liegeradfahrers auf türkischen Internetseiten auftauchten.

Kurz darauf rausche ich in Fethiye ein. Erst 1913 erhielt die Stadt zu Ehren des ersten türkischen Militärpiloten Fethi ihren heutigen Namen. Zuvor hieß sie Meğri, noch früher, zu byzantinischer Zeit, nannte man sie Anastasiopolis. Weitaus früher noch, mindestens seit dem sechsten Jahrhundert vor Christi Geburt, war sie als Telmessos bekannt und im ganzen östlichen Mittelmeerraum für ihre Wahrsager berühmt.

Selbst diese jedoch konnten offensichtlich nicht vorhersehen, dass sich das Schicksal der Stadt 334 vor Christus wenden sollte. Nearchos, der Flottenbefehlshaber Alexanders des Großen, kannte die Geschichte vom Trojanischen Pferd und setzte bei der Eroberung von Telmessos auf eine ähnliche List. Er bat um die Erlaubnis, mit einem seiner Schiffe in den Hafen einlaufen zu dürfen, um gefangene Musikanten freizulassen. Verkleidet ruderten seine Krieger ins Herz der Stadt. Dort angekommen, zogen sie Schilde aus Trommeln, Schwerter aus Flötenbehältern und Speere aus Harfenhüllen. Die überrumpelten Stadtbewohner leisteten keinen Widerstand, Telmessos fiel noch am selben Tag in die Hände der Griechen.

Der Einfall europäischer und russischer Touristen heutzutage geschieht weniger subtil. Nach dem verheerenden Erdbeben von 1957 wurde Fethiye ganz auf die Bedürfnisse fremdländischer Gäste zugeschnitten und zweckmäßiger als zuvor wiedererrichtet. Obgleich das Stadtbild merklich darunter gelitten hat, kommt mir dieser Umstand zugute: In geordneter Formation flankieren günstige Übernachtungsmöglichkeiten die Straßen der Stadt.

Ich quartiere mich für einen Spottpreis in einem Dreisterneschuppen ein, breite meine Habseligkeiten im Zimmer aus und lege mich mit einem zufriedenen Lächeln ins Bett. In einer Woche bin ich von İzmir bis hierher gefahren. Vier Tage habe ich gebraucht, um mich an die neue Art des Vorwärtskommens zu gewöhnen, ehe ich auf den zurückliegenden drei Tagen das Reisegefühl wiedergefunden habe, jene Mischung aus hellwachem Lebensgeist und wohliger Müdigkeit, die ich zwischen Yatağan und Muğla aufgelesen habe und seither überallhin mitnehme.

Um diesen Umstand gebührend zu feiern, gönne ich mir am folgenden Morgen eine Erholung. Ich lasse Garfield im Garten des Hotels zurück und begebe mich in einem klapprigen *Dolmuş* an jenen Sandstrand, der Fethiye Sommer für Sommer einen Touristenansturm beschert.

Ölüdeniz: Wer immer die vor mir liegende Bucht so genannt hat, muss betrunken gewesen sein. Warum sonst hätte er einen windumtosten Ort wie diesen »totes Meer« nennen können? Spätestens als sonnenhungrige Engländer in den Siebzigern damit begannen, den hiesigen Sandstrand zu erobern, wurde der Name der Bucht vollends ad absurdum geführt.

Wummernde Bässe bringen die Fensterscheiben der Cafés zum Klingen, die mit »fish and chips« und »fantastic English breakfast« um Gäste werben. Überall werden Bier und Cocktails angeboten, dazwischen überteuerter Cappuccino »true italian style« und dubiose Sandwiches mit schwitzendem Scheibenkäse.

Vermutlich würde sich Aigeus, der mythenumrankte König von Athen, ein zweites Mal ins Meer stürzen, wenn er erführe, was an dieser Stelle aus der nach ihm benannten Region, der »Ägäis«, geworden ist.

Wo dereinst Thales die »arché«, die Ursubstanz allen Seins, suchte, und dadurch, glaubt man Aristoteles, die ionische Naturphilosophie begründete, ergründen heute einkaufende Rentner nur noch, wie sehr sich die Preise für Sonnencremes und bunte Hüte steigern lassen. Wo Anaximander eine kosmologische Ordnung, permanenter Veränderung unterworfen und dennoch in sich stabil, ersann, sinnieren heute saufende Teenager und auf und ab laufende Muskelmänner nur noch innerhalb der Grenzen ihrer eigenen Welt. Wo ehemals Homer, sofern es ihn denn gab, die Ilias und die Odyssee verfasste, befassen sich heute raufende Jugendgruppen höchstens noch mit der Hollywoodversion von »Troy«.

Einkaufende Rentner, saufende Teenager, auf und ab laufende Muskelmänner und raufende Jugendgruppen: Ein Haufen konsumwilliger, lärmsüchtiger, reizorientierter Gäste bringt Jahr für Jahr Devisen nach Ölüdeniz, um sich hier im Gegenzug ihren Sonnenbrand abzuholen.

Heute bin ich einer von ihnen. Ich genieße die Ausgelassenheit, das Versprechen von Abenteuer und Spaß, das an Orten wie diesem grundsätzlich größer ist als das, was dann wirklich eintritt. Andererseits: Wo sich Engländer einnisten, ist in der Regel irgendeine originelle Verrücktheit nicht weit. In Ölüdeniz sind es Hunderte Drachen- und Gleitschirmflieger, die sich vom nahen *Baba Dağı*, einem knapp zweitausend Meter hohen Berg, stürzen und mit schöner Regelmäßigkeit inmitten der Badegäste landen. Ein Strandaufseher sagt das Ereignis jeweils voraus und bittet um Nachsicht, sollte sich ein absinkender Gleitschirm für Momente über einen Strandgast legen.

Auf diese ungewöhnliche Weise werde ich einige Male beim Türkischlernen unterbrochen. Trotzdem mache ich Fortschritte, was in erster Linie daran liegt, dass mir viele Wörter bekannt vorkommen. Im neunzehnten Jahrhundert haben die Türken über fünftausend Vokabeln aus dem Französischen übernommen. Nur werden diese eben völlig anders geschrieben: *kuaför* statt »coiffeur«, *tuvalet* statt »toilette«, *müze* statt »musée« und *plaj* statt »plage«. Zu meinen Lieblingswörtern zählen der *lüks* (»luxe«), der *hoparlör* (»haut-parleur«) und die *sürpriz* (»surprise«). Auch bei anderen Sprachen haben sich die Türken bedient. Sie können einem ein *tişört* anbieten, bitten darum, den *şalter* umzulegen und essen gerne *şınitzel*.

Türkische Ausdrücke, die ich unterwegs aufschnappe, wiederhole ich so lange im Kopf, bis sie mir halbwegs flüssig über die Lippen gehen. *Bu ne kadar*, die Frage, was etwas kostet, gehört inzwischen ebenso zu meinem Standardrepertoire wie das darauf unmittelbar folgende *çok pahalı*, »sehr teuer«. Bei passender Gelegenheit gebe ich zudem zum besten, dass der Weg zum Herzen eines Mannes durch seinen Magen führe: *Bir erkeğin kalbine giden yol midesinden geçer*. Den bekanntesten türkischen Ausspruch, Atatürks berühmtes Diktum, lernt man automatisch, wenn man in der Türkei unterwegs ist. Er steht unter beinahe jeder Atatürk-Statue, Schüler sagen ihn täglich vor dem Unterricht auf: *Ne mutlu Türküm diyene!*, »Welch Glück sagen zu können: Ich bin Türke!«

Zusammengefasst kann ich geltend machen, dass ich heute zumindest Kopfarbeit leiste. Ohnehin wäre es falsch anzunehmen, dass ich mich an meinem Ruhetag überhaupt nicht bewegen würde: Gegen Viertel nach drei drehe ich mich am Strand von Ölüdeniz vom Bauch auf den Rücken.

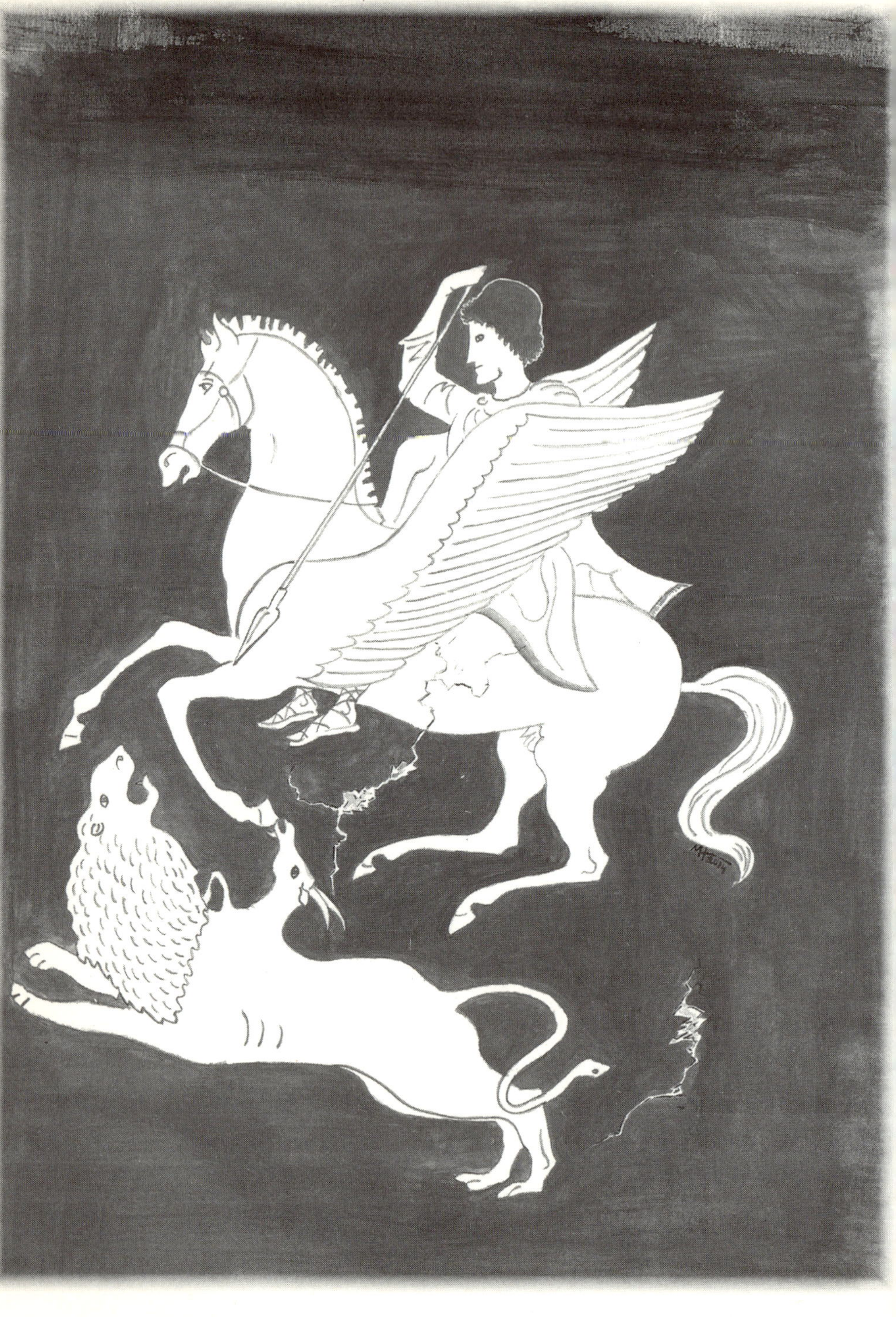

KAPITEL 2

Die Königin von Kaş und die feuerspeienden Chimären:

Achterbahnfahrt durch Lykien

Der *Baba Dağı*, dem Ölüdeniz die Gleitschirm- und Drachenflieger verdankt, zwingt die Nationalstraße D 400 zu einem Umweg. In respektvollem Abstand führt sie mich im Uhrzeigersinn um den halben Berg herum. Ich fahre nordwärts, ostwärts und schließlich südwärts.

Beharrlich stoßen Wolken an die Westflanke des *Baba Dağı*. Wo er sie festhält, rächen sie sich mit ergiebigem Regen. Garfield beginnt auf der glitschigen Straße auszurutschen. Ich werfe mir eine Regenjacke über und schalte das Licht an.

Ohne das Tempo zu drosseln fahre ich die Flanke des Berges entlang. Nach zweieinhalb Stunden ziehen sich die Wolken beleidigt zurück. Ich mache sie hinter mir aus, dicht aneinandergedrängt, als beratschlagten sie über das weitere Vorgehen.

Imposant erheben sich die Spitzen des taurischen Gebirges ringsumher. Wie Wächter blicken sie auf mich herab – massiv in ihrer Präsenz, unangreifbar in ihrer Entrücktheit – und erscheinen mir dadurch wie ein Sinnbild für das Land, das ich durchfahre.

Unter türkischer Flagge

Ein unscheinbares Straßenschild zeigt den Weg in die ehemalige Hauptstadt des Lykischen Bundes. »Xanthos« lese ich und reiße noch im selben Augenblick den Lenker des Liegerads nach rechts. Zusammen mit dem benachbarten Letoon zählt das Weltkulturerbe und ehemalige Zentrum einer antiken städtischen Föderation zu den Zaubernamen an der lykischen Küste.

Ich folge einer Stichstraße und gelange zu einem Ruinenfeld, das oberhalb der Stadt Kınık liegt. Es kommt mir vor, als habe jemand erfolglos versucht, an dieser Stelle ein Dörfchen zu bauen. Das mag an den Pfützen liegen, die sich auf und zwischen den Mauerresten gebildet haben, oder daran, dass man die Stätte, selbst wenn man sich Zeit lässt, in einer knappen Viertelstunde erforscht hat. Ich jedenfalls wundere mich, wie wenig von Xanthos, dem Vorreiter einer überaus erfolgreichen Konföderation, die bis in die römische Zeit hinein bestand, übriggeblieben ist. Pflichtbewusst knipse ich ein paar Fotos und fahre alsbald hinunter nach Kınık.

Dort angekommen kommt es mir vor, als hätte ich soeben einen Holzpflock in einen Ameisenhaufen getrieben. Von allen Seiten werde ich begrüßt, gerufen, angelacht und eingeladen. Kinder laufen neben mir her; ein Junge versucht, Garfields Fahnenmast zu ergattern. Als ich ihn eben abgeschüttelt habe, kommt direkt vor mir ein Lastwagen so abrupt zum Stehen, dass die Ziegen auf der Ladefläche erbost zu blöken beginnen.

Ungeachtet des Radaus steigt ein fülliger Endvierziger aus dem Fahrerhäuschen, baut sich auf der Straße auf und bedeutet mir gestenreich, anzuhalten. Dabei lächelt er so breit, als wolle er mir im nächsten Moment eröffnen, dass ich den Hauptgewinn der staatlichen Lotterie gewonnen habe. Stattdessen klettert er auf die Ladefläche des Lasters, schiebt die noch immer protestierend blökenden Ziegen zur Seite und kramt ein rot leuchtendes Stofftuch hervor, mit dem er zu mir zurückkommt.

Fragend blickt er zunächst Garfields Fahnenmast und danach mich an. Als ich zustimmend nicke, fügt er dem dort baumelnden Wimpel die türkische Flagge hinzu. Sie ist dreieinhalbmal größer als die bisherige Markierung, überstrahlt Garfield daher förmlich und verleiht uns ein äußerst schnittiges Aussehen.

Ich nicke zufrieden und strecke dem Lastwagenfahrer die Hand entgegen, die er freudig ergreift. Dann berühren wir uns links und rechts mit den Köpfen, wie es hierzulande unter Freunden der Sitte entspricht.

Als ich weiterfahre, nimmt das Grüßen und Winken beinahe erschreckende Ausmaße an. Über mir knattert die Fahne der türkischen Republik! Als der Wind in den Stoff fährt und ich gegenlenken muss, um die Spur zu halten, wird mir klar, dass mich meine neue Errungenschaft ein wenig bremsen wird. Diesen Umstand nehme ich gern in Kauf: Verliere ich eben ein paar Kalorien mehr und zeige dem Volk der Türken meine Dankbarkeit und Sympathie auf eine Weise, die ihnen vertraut ist.

Zu ihrer Landesfahne haben die meisten Türken ein inniges, über bloßen Patriotismus hinausreichendes Verhältnis. Sie gilt im ganzen Land als unantastbar. »Hände, die die türkische Flagge entweihen, werden gebrochen«, kommentierte die damalige Außenministerin Tansu Çiller 1996 lapidar den Tod eines griechischen Demonstranten. Er war beim Versuch, in der Pufferzone zwischen Nord- und Südzypern eine türkische Fahne vom Mast zu reißen, von einem türkischen Soldaten erschossen worden. Keine andere Flagge, kein Abzeichen irgendeiner Art darf höher angebracht oder größer sein als die türkische Fahne. Auch ich achte streng darauf, dass Garfields Wimpel den roten Stoff mit dem Halbmond und dem Stern bestenfalls flankiert. Die anderen Verkehrsteilnehmer goutieren es mit Beifallrufen, Hupkonzerten und kleinen Geschenken.

Ein Zwischenstopp zur rechten Zeit

Fotogen gruppieren sich die weiß gekalkten Häuser von Kalkan um eine Bucht. Noch bis 1922 hieß der Ort Kalamaki und war überwiegend von Griechen bewohnt. Ein Jahr später legalisierte der Vertrag von Lausanne die bereits begonnene Zwangsumsiedlung von über einer Million türkischer Staatsangehöriger griechisch-orthodoxen Glaubens nach Griechenland. Im Gegenzug wanderten eine halbe Million Griechen muslimischen Glaubens in die Türkei aus. Während seiner Türkeireise im Jahr 2008 schenkte der Schweizer Bundespräsident Pascal Couchepin dem türkischen Staatspräsidenten Abdullah Gül zur Erinnerung an dieses Ereignis mit reichlich Pomp und wenig Sensibilität für menschliche Schicksale den Tisch, an dem der Vertrag von Lausanne fünfundachtzig Jahre zuvor unterschrieben worden war.

Seiner griechisch geprägten Vergangenheit verdankt Kalkan heutzutage ein adrettes Aussehen. In den kalten Monaten überwintern reiche Engländer in kleinen Villen, die erhöht in zweiter Reihe stehen. Selbst beim Näherkommen schmeicheln sie dem Auge. Gärten mit Granatapfel- und Pfirsichbäumen umspielen gepflegte Gemäuer. Illustre Gässchen führen zu Eingangsportalen, als zeigten sie, Anleihen aus einer vergangenen Zeit, mit dem Finger auf diese. Auf das Angenehmste wird der Blick hinausgezogen und zugleich begrenzt von den Ausläufern der Bucht, die das Meer an dieser Stelle zu umarmen scheinen. Selbst bei steifem Wind über dem offenen Meer sorgen sie im Bereich der Bucht für eine nur leicht gekräuselte Wasseroberfläche.

Für Kalkan scheint zuzutreffen, was Juli Zeh in ihrem eigenwilligen Kriminalroman »Schilf« mit Bezug auf Freiburg im Breisgau postuliert hat: »Glücklich zu sein ist hier die Voraussetzung für die Anmeldung eines Erstwohnsitzes.«

Als wollten sie diese These untermauern, treten drei junge Männer aus einem Hauseingang und brechen in herzliches Lachen aus, als sie sehen, mit wie viel Mühe ich Garfield ein steiles Gässchen emporschiebe. Sie bestehen darauf, mich augenblicklich zu Tee und Mandarinen einzuladen. Im Gegenzug drehen sie jauchzend Runden auf dem seltsamen Dreirad, das ich in ihre Stadt gebracht habe. Sie fotografieren einander in voller Fahrt und begutachten Garfields Lenker, Räder und Bremsen so genau, als wollten sie sogleich ein ähnliches Liegerad nachbauen. Er lässt es gutmütig über sich ergehen.

Von den launigen Gesprächen abgelenkt und froh über die unverhoffte Pause versäume ich, auf das Wetter zu achten, als ich mich eine Dreiviertelstunde später in Garfields geflochtenen Sitz lege und hinunter auf die Nationalstraße rolle. Erst als ich mich kurz darauf umdrehe, um einen letzten Blick auf Kalkan zu werfen, erkenne ich die schwarzgrauen Wolken, die wie ein überdimensioniertes Traubenbündel trichterförmig vom Himmel hängen. Sein unteres Ende berührt bereits die am höchsten gelegenen Stadtvillen. Da erst spüre ich, wie sich die Umgebung elektrisch auflädt. Für Minuten stehen mir die Haare an den Unterarmen zu Berge. Meerseitig rollt Donner heran. Mit jeder Pedalumdrehung färbt sich die Umgebung eine Nuance dunkler.

Was nun? Soll ich umdrehen und die drei jungen Männer um Unterschlupf bitten? Nein: Kurz vor unserer Verabschiedung hatte ich mich dazu hinreißen lassen, zu behaupten, dass mir eventuelle Regenfälle gar nichts ausmachten, schließlich sei ich Derartiges von Deutschland gewöhnt. Andererseits fehlen noch knapp dreißig Kilometer bis zum nächsten Küstenort, dem Städtchen Kaş. Angesichts des unverminderten Auf und Abs der Straße benötige ich für diese Strecke mindestens eine Stunde. Was soll's, rede ich mir gut zu, ein wenig Nässe hat mir auf meinen Reisen noch nie geschadet! Forsch trete ich in die Pedale. Ziemlich genau auf halber Strecke zwischen Kalkan und Kaş passiere ich ein handbemaltes Schild am Straßenrand, auf das jemand, vielleicht ein Kind, mit krakeliger Schrift eines der Wörter geschrieben hat, die in beinahe allen Sprachen der Welt geläufig und hochwillkommen sind: »Restaurant«.

Ich zögere. Wollte ich nicht in einer halben Stunde triumphal in Kaş einfahren? Ich blicke auf die aufstrebende Straße vor mir, nehme das behäbig gewordene Muskelspiel meiner Oberschenkel wahr und erkenne aus dem Augenwinkel ein zweites Straßenschild, das unter der nochmaligen Aufschrift »Restaurant« Gözleme und Köfte anzeigt. Kurz darauf stelle ich Garfield vor dem Lokal ab. Ein wahrer Held weiß, wann sein Moment gekommen ist, und ebenso gut, wann es besser ist, eine Pause einzulegen.

Ich nehme meinen Geldbeutel zur Hand und sorge dafür, dass die Reisetaschen fest verschlossen sind. Noch während ich einen Tisch auf der überdachten Terrasse ansteuere, merke ich, dass ich die richtige Entscheidung getroffen habe. Erste Regentropfen schlagen einen schneller werdenden Takt auf das Dach des Wintergartens. Als mir der Kellner die Karte reicht, hat sich das Getrommel zu einem hartnäckigen Tusch verdichtet.

Immer wieder unterbrechen Donnerschläge das Gespräch, das ich mit zwei betagten Engländerinnen, den einzigen weiteren Restaurantgästen, begonnen habe. Vor drei Jahren haben sie in Kalkan eine der Stadtvillen in Hanglage erworben. Jetzt kommen sie von Antalya zurück, wo sie vier ihrer Enkel zum Flughafen gebracht haben.

»Als wir noch in Manchester wohnten, vier Straßen von ihnen entfernt, haben sie uns nie so häufig besucht wie jetzt«, befinden sie. Aber sie sagen es ohne Groll, eher wie Leute, die mit ihrer momentanen Situation ganz zufrieden sind. »Keine Sorge«, rufen sie dann zu meinem Tisch herüber, »ein Unwetter dauert hier selten länger als eine Stunde. Im

Gegensatz zur Lage in England grollt Gott der Türkei niemals tagelang. Er ist im Süden weniger nachtragend.«

Mit ihrer Prognose sollten die beiden recht behalten. Bereits beim Kaffee, der wie immer mit reichlich Zucker versüßt ist und bis zum Satz hinunter vorzüglich schmeckt, bemerke ich, dass die Sonne erste Lücken in der Wolkenschicht findet. Kurz darauf verstaue ich die Regenjacke in der Reisetasche, winke den Engländerinnen zum Abschied und fahre anschließend die noch fehlenden fünfzehn Kilometer bis Kaş in einem Rutsch durch.

Die Straße zuckt und windet sich, um den fjordähnlichen Küstenverlauf nachzuzeichnen, bricht jedoch nie ins bergige Hinterland aus. Rechts das Meer, links die Berge, und ich auf einer weitgehend ebenerdigen Straße mittendrin: Ich bin in Hochstimmung, als ich mein Etappenziel erreiche.

Jeweils von Juni bis September ist Kaş fest in Touristenhand. Dann platzt das überschaubare Städtchen aus allen Nähten und bietet für jedes Gelüst die passende Versuchung. Jetzt aber, in der letzten Oktoberwoche, kurz vor dem muslimischen Opferfest, hat das Gewusel merklich nachgelassen. Müde lehnen die verbliebenen Marktverkäufer an ihren Ständen, halbherzig sprechen Restaurantinhaber vorbeischlendernde Passanten an. Schon bei der ersten kritischen Frage korrigieren die Pensionsbesitzer die Preise merklich nach unten.

Nachmittags streicht bereits ein rauer Herbstwind um die Obstauslagen. Hunde schielen hoffnungsfroh in Restauranteingänge. Vergeblich warten die Ramsch- und Postkartenständer vor den Pensionen auf Käufer. Ein Hauch Melancholie hat sich über Kaş gelegt, gleichzeitig aber weht auch eine gewisse Erleichterung durch die Gassen. Bald kann man in Kaş wieder den eigenen Geschäften nachgehen, muss nicht mehr den Buckel krumm machen, um die immer gleichen Angebote den immer gleichen Touristen anzubieten. Die Tage der Kontemplation, des süßen Nichtstuns, des stillen Genießens kommen näher. *Keyif* liegt in der Luft. Bald schon gehört Kaş, diese janusgesichtige Stadt, wieder seinen Bewohnern, und die weiß gekalkten Häuserfassaden, ein Erbe des Hellenismus und beliebte Fotomotive, werden wieder zur bloßen Wohnraumbegrenzung – bis im Mai die ersten Touristen der neuen Saison einrücken.

Ich wähle immer engere Gassen aus, um in die höher gelegenen Stadtteile zu gelangen. Dort, fernab der Uferpromenade, in scheuem Abstand zum Meer, befinden sich die günstigen Pensionen. Dass sich links und rechts der kopfsteingepflasterten Wege statt überdimensionierten Hotelbauklötzen noch immer schmucke Häuschen mit blumengeschmückten Balkonen und Erkern erheben, verdankt Kaş dem Umstand, dass es keinen Sandstrand aufweist. Erst die Anbindung an die Nationalstraße in den Siebzigerjahren brachte in nennenswertem Ausmaß Touristen in die Stadt.

Am Beginn einer vorzeigbaren Gasse finde ich gleich vier Pensionen hintereinander. Mit Balkonen, von denen man einen privilegierten Blick auf das Meer und auf *Meis*, die östlichste bewohnte Insel Griechenlands, genießt, werben sie um Gäste.

Vor dem Eingang des ersten Hotels scheint ein älterer Mann auf mich gewartet zu haben. Da er mich allerdings auf Englisch anzuwerben versucht – eine Unart, die ich nicht ausstehen kann –, danke ich knapp und fahre weiter.

Die zweite Übernachtungsmöglichkeit ist geschlossen.

Aus der dritten heraus fuchtelt eine junge Frau so energisch in meine Richtung, dass ich beinahe erschrecke und automatisch weiterziehe.

Direkt vor der vierten Pension aber sitzt *sie*.

Die Königin von Kaş

Ihrer Haut sieht man die Streicheleinheiten der Sonne an. Entspannt gegen eine Mauer gelehnt, thront sie vor dem Eingang der Pension. Aus ihrem Gesicht blicken zwei dunkelbraune Augen so forsch in die Welt hinaus, dass man einen Moment lang geneigt ist, den Blick zu senken, wenn man dem ihren erstmalig begegnet.

Natürlich hat sie meinen Weg verfolgt, seit ich in die Gasse eingebogen bin. Nichts an ihr wirkt aufdringlich, nichts aufgesetzt, als sie mich wortlos anblickt. So bin ich es, der fragt, ob ein Zimmer frei sei. Ein zufriedenes Lächeln huscht über ihr Gesicht. In einer fließenden Bewegung steht sie auf, schlüpft ins Hausinnere und bedeutet mir, ihr zu folgen.

Da erst merke ich, was mich an ihr so anspricht. Alles an ihr strömt Elan aus. Jede ihrer Bewegungen geschieht in der richtigen Geschwindigkeit und erreicht das angedachte Ziel. Daher umgibt sie eine Harmonie, die schwer zu greifen ist, aber unbestreitbar existiert. Sie hat nichts gemein mit der einstudiert wirkenden Routine des alten Mannes von der ersten Pension, der in mir nur ein Teilchen der homogenen Masse namens Touristen sah. Auch die hektische Betriebsamkeit der jungen Dame von nebenan, deren stakkatoartige Bewegungen mir beinahe aggressiv vorkamen, ist ihr fremd. Stattdessen verkörpert die Pensionsbesitzerin von Kaş echte Sicherheit: eine Zielstrebigkeit, die aus dem Inneren kommt und daher überzeugt.

Vermutlich musste die Pensionsbesitzerin von Kaş schon manchen hartnäckigen Verehrer abwehren, und wahrscheinlich geschah selbst diese Abwehr noch in formvollendeter Anmut. Ich stelle mir vor, wie sich die jungen Männer der Stadt nacheinander an sie herantasten, sobald sie in das Alter kommen, in dem die Hormone Purzelbäume schlagen. Wie sie zuverlässig ihre vermeintlichen Heldentaten rapportieren, und wie die Königin von Kaş souverän und bestimmt unter ihnen auswählt.

Was mich betrifft, bin ich heute Abend eher an einer funktionierenden Dusche und an einem sauberen Bett interessiert als an der, die diese Dinge für mich hergerichtet hat. Doch als mich am folgenden Morgen ein neues Regenfeld festhält, bestätigt sich noch einmal, dass ich mit der vierten Pension die richtige Wahl getroffen habe.

Wie selbstverständlich treffe ich die Pensionsbesitzerin um halb sieben in der Früh vor den aufgereihten Zutaten eines Frühstücks auf dem Dach der Pension an. Regentropfen prasseln auf das provisorische Zeltdach, das über die tragenden Holzstelen geworfen worden ist. Über dem Ozean, der dunkel vor dem Städtchen liegt, zeichnet sich ein näher rückender heller Streifen Himmel ab. Ich nehme mir vor aufzubrechen, sobald er über Kaş angelangt ist. Bis dahin bleibt mir eine Stunde, in der ich, der einzige Frühstücksgast, die Gelegenheit erhalte, mit der Pensionsbesitzerin ins Gespräch zu kommen.

Vor fünf Jahren ist sie von Alanya hierher gezogen, seither kümmert sie sich Sommer für Sommer um die Pension. In der touristenfreien Zeit nimmt sie kleine Reparaturarbeiten vor und fährt ansonsten in Überlandbussen mit, wo sie Getränke ver- und Auskünfte erteilt. Ihr Lebensgefährte heuert derweil auf Schiffen an und berichtet ihr von fernen Orten, schönen und abstoßenden.

Gern höre ich ihr zu und ich rechne ihr hoch an, dass sie mich von meiner Reise erzählen lässt, ohne mir ihre Wertung aufzudrängen. Hebt sie sich doch gerade dadurch wohltuend von den Möchtegern-Klugen ab, die lediglich die aktuell veröffentlichte Meinung wiederkäuen. Von jenen also, die allzu schnell eine Schublade öffnen, eine Kategorie parat haben. Die meinen, Bescheid zu wissen, ohne jemals einen Fuß nach Kaş gesetzt oder ein Liegerad gefahren zu haben.

Dieser grassierende Meinungsfetischismus basiert auf einem Missverständnis: Wer am Stammtisch endlich mal Tacheles über Ausländer redet, in Online-Kommentaren den Nahostkonflikt löst und mir erklärt, wie das so läuft in der Türkei, erachtet sich als mutig, offenbart in Wahrheit aber nichts anderes als eine ängstliche Grundhaltung. Mutig wäre, wenn man seine Vorurteile nicht zu bestätigen, sondern zu gefährden versucht – beispielsweise durch eine Reise in die Türkei. So aber machen die scheinbar Mündigen nur klar, in welchem Ausmaß sie medial gelenkt werden.

Sie werden gelenkt, weil sie gefilterte Informationen bekommen. Wer Massenmedien konsumiert, weiß jedes Detail über die jeweils aktuellen Herausforderer des US-amerikanischen Präsidenten, kennt aber nicht einmal den Namen des indischen Staatschefs, obwohl das weitaus wichtiger wäre.

Sie werden gelenkt durch die Wortwahl, wenn sie beispielsweise lesen, dass »israelische Truppen zurückschlagen«, nachdem sie von »militanten Palästinensern angegriffen« wurden. Sie werden gelenkt durch perfide Mechanismen, die im Verborgenen wirken, von Schweige- und Redespiralen, Eskalierungsautomatismen und der Schwarmdummheit.

Was kann man dagegen tun? Informationen aus unterschiedlichen politischen Lagern besorgen. Die Komfortzone verlassen; Überzeugungen immer wieder in Lebensgefahr bringen, bis nur noch die besten übrig bleiben. Reisen. Und endlich erneut damit beginnen, Dinge eigenhändig zu erfahren.

Die Pensionsbesitzerin in Kaş ist auf diesem Weg bereits weit gekommen. Urteilsfrei hört sie mir zu, als ich ihr von meiner bisherigen Türkeireise erzähle. Im Gegenzug setzt sie mich über einige Wendepunkte in ihrem Leben in Kenntnis. Längst hat die Sonne den Himmel zurückerobert, als ich die Weiterreise antrete.

Ein Lump wird König

Kaş lässt mich nicht los, und das liegt weniger an der Schönheit dieser Stadt und ihrer Pensionsbesitzerinnen als an der geografischen Lage. Die Straßen erheben sich dermaßen steil aus dem Ortskern, dass ich selbst noch im leichtesten Gang Mühe habe vorwärtszukommen. Zudem ist Garfield angeschlagen; sein hinteres Schutzblech hat sich vom Rahmen gelöst. Bei jeder Bodenunebenheit wippt es auf und ab, was ein interessantes Begleitgeräusch erzeugt – wie das Keckern eines erregten Fuchses.

Obwohl ich mit voller Kraft in die Pedale steige, benötige ich geschlagene anderthalb Stunden, um überhaupt erst einmal den Ortsausgang von Kaş zu erreichen. Hernach geht die Wegstrecke weiter, wie sie begonnen hat an jenem Tag, der zum härtesten meiner Türkeitour werden sollte. So rasch werden flirtnahe Gespräche mit türkischen Pensionsbesitzerinnen geahndet!

Stundenlang klebe ich am Hang. Ich trete auf und ab wie ein Uhrwerk und mache dennoch kaum Strecke. Die Landschaft um mich herum scheint stillzustehen. Es kommt mir vor, als habe sich ein Laufband unter mir in die entgegengesetzte Richtung meines Fahrtziels in Bewegung gesetzt. Die Geschwindigkeitsanzeige pendelt zwischen drei und sechs Stundenkilometern. Einmal mehr stellt Garfield im unpassendsten Moment seine Eigensinnigkeit zur Schau. Von einem Moment auf den anderen lehnt er es ab, den untersten und obersten meiner verbliebenen sechs Gänge auszuwählen. Bei entsprechenden Schaltversuchen rattert er erbost und lässt die Kette trotzig ins Leere sausen. Was soll's, rede ich mir ein, wer braucht schon ein Überangebot an Gängen! Immerhin entsprechen vier Gänge noch immer einem opulenten Restaurantmenü. Die werden mich schon ans östliche Ende des Mittelmeers bringen, *inşallah*.

Das Wetter aber lässt sich nicht schönfärben. Die Erde schwitzt aus allen Poren, von überall her riecht es nach Nässe. Trauer überfällt die Wolken. Sie werfen sich schwarze Mäntel über und weinen sich an den Bergen aus, die ich gemeinsam mit Garfield erklimme. Wachteleigroße Tropfen platschen auf die Straße. Sie zeichnen Kunstwerke auf meine verstaubte Hose.

Nach zehn Pedalumdrehungen haben sich die Wassertropfen zu einem dicht gewebten Vorhang zusammengeschlossen. Ich kann kaum noch die Hand vor Augen erkennen. Im Nu bin ich bis auf die Unterhose nass.

Ich rette mich unter das Dach einer *Dolmuş*-Haltestelle und ziehe Garfield hinter mir ins Trockene. Was eben noch sirrende Ankündigung war, kurz darauf raschelnde Gewissheit, schließlich plätschernder Trommelrhythmus und endlich rauschendes Chaos, das tost und tobt jetzt um mich herum, dass mir Hören und Sehen vergeht. Kälte kriecht in meinen Nacken und unter die Achseln. Ich krame Pullover, Regenhose und -jacke hervor, schlüpfe hinein, binde die Kapuze über meiner Baseballkappe fest und knipse das Licht des Liegerads an. Dann warte ich auf eine Wetterbesserung. Nach einer Stunde ist die Lage unverändert, und mir bleibt nichts anderes übrig, als hineinzufahren in das Unwetter.

Die Wolken nehmen die Straße unvermindert unter Beschuss. Wie Sperrfeuer prasseln die Tropfen auf den Asphalt. Wolkenfetzen hasten dicht über den Boden hin. Schemenhaft erkenne ich Felswände, unscharf zeichnen sich Bergspitzen gegen den Himmel ab, ein helleres Grau vor einem dunkleren.

Die Jacke hält dem Regen nicht stand. Hebe ich die Arme, um nach dem Lenker zu greifen, gleiten Rinnsale die Innenseiten der Ärmel hinab. Sie streifen meine Flanken entlang und sammeln sich äußerst unvorteilhaft in meiner Unterhose. Wenn ich die Sitzposition verändere, plätschert und schmatzt es unter mir.

Unbeirrt führt die Straße bergauf: zwanzig, dreißig Kilometer weit. Bin ich auf Abwege geraten? Nehme ich, ohne es zu wollen, an einer Gebirgsüberquerung teil? Bin ich dabei, den Ararat, den höchsten Berg der Türkei, zu erklimmen? Sechseinhalb Stunden lang keuche ich wie ein Besessener. Ich peitsche mich voran, beschimpfe Garfield als Faulpelz und Tunichtgut und meine jeden Augenblick, dass die Regenfront an mir vorbeigezogen sein und die Sonne zum Vorschein kommen müsste. Umsonst halte ich nach einem Lokal Ausschau, einem Stand am Straßenrand oder auch nur einem Passanten. Irgendetwas, das dem grauen Einerlei einen angenehmen Farbklecks entgegensetzen und dadurch darauf verweisen könnte, dass die Welt um mich herum nicht ausschließlich aus triefend nassem Gestein besteht.

Stattdessen kommen mir zwei Schneeräumer entgegen. Ich fahre zur Seite und starre sie an wie Erscheinungen. Vorgestern lag ich noch am Strand von Ölüdeniz, heute muss ich dem Winterdienst den Weg überlassen. Sobald sich in der Türkei die Straße einige Kilometer vom Meer entfernt, gelangt man in eine andere Klimazone. Im Landesinneren ist das Sonntagsradfahren endgültig vorbei. Das hier ist der Montagmorgen nach der Party.

Garfield ächzt und stöhnt, als brächte nicht ich, sondern er uns voran. Es gibt keine Minuten und Stunden mehr, nur noch Meter und Kilometer. Es gibt kein Weiterkommen mehr, nur noch ein Höhersteigen. So bemerke ich zunächst kaum, dass sich die Pedale auf einmal leichter kreisen lassen. Erst als sie sich so schnell drehen, dass ich automatisch in einen höheren Gang schalte, blicke ich mich um.

Die Felswände sind von der Straße zurückgewichen. Der Regen hat sich zu einem Tröpfeln abgeschwächt, ohne dass ich diese Änderung wahrgenommen habe. Ist man erst einmal durchnässt, fühlt man weder eine Steigerung noch eine Verminderung der Nässe.

Ich parke Garfield am Straßenrand, nehme eine der Reisetaschen ab und suche ein nahes Gebüsch auf. Bei jedem Schritt dorthin zittern meine Beine, die Oberschenkel jagen Schmerzimpulse bis in den Rücken hinein. Unwillkürlich taste ich nach Halt. Hinter dem Gebüsch wechsele ich die Kleider, dann esse ich alle übrig geblieben Kekse auf. Als das Tröpfeln vom Metrum eines Rocksongs zu dem einer Ballade wechselt, kehre ich zu Garfield zurück.

Vor meinen Augen kippt die Straße ins Bodenlose. Zwanzig Minuten Abfahrt liegen vor mir. Zwanzig Minuten Abfahrt gegen sieben Stunden Aufstieg. Zwanzig Minuten, in denen sich das hintere Schutzblech endgültig löst und die Geschwindigkeitsanzeige den Geist aufgibt. Zwanzig Minuten aber auch, in denen sich die Anstrengung der vergangenen Stunden, der Schweiß und der Muskelkater, der gesammelte Frust und die Wut vollständig auflösen. Ohne Rücksicht auf Unebenheiten und Straßengräben hastet Garfield dicht über dem Boden abwärts. Seine Kräfte sind entfesselt. Das sind meine zwanzig Minuten! Im Rausch lasse ich mich den Berg hinabfallen und widerstehe dem Zwang, die Bremsen einzusetzen. Es sind zwanzig Minuten, in denen ich – eine dreirädrige Pistolenkugel, ein kicksüchtiger Fallschirmspringer, ein Wanderfalke im Sturzflug – auf die Stadt Demre hinabstoße. Und zwanzig Minuten, in denen es mit jedem Kilometer trockener, wärmer und freundlicher wird.

Im erstbesten Restaurant von Demre wähle ich das erstbeste Essen, Hühnchen mit Reis und Salat, was sich als erstaunlich gute Wahl herausstellt. Wobei es vier Uhr nachmittags ist, ich außer dem Frühstück und einer Handvoll Kekse nichts gegessen habe und angesichts der hinter mir liegenden siebenstündigen Anstrengung vermutlich selbst Spinat mit Rührei als Delikatesse empfunden hätte.

Als ich Garfield besteige, um ein Hotel zu suchen, protestieren meine Beine mit Nachdruck. Bald jedoch gelange ich zur schokoladenbraunen

Statue eines beleibten Mannes mit Rauschebart, der einen Sack über seine rechte Schulter geworfen hat. Ohne übertriebene Scheu vor Kitsch hat der Künstler ihn mit entrückt lächelnden Kindern umringt und ihn auf einen Sockel gestellt, auf dem Dutzende Länderflaggen prangen.

Die übertrieben liebliche Darstellung des heiligen Nikolaus' ist symptomatisch. Über sein Leben ist beinahe nichts bekannt; nur, dass er mit neunzehn zum Priester geweiht und später zum Bischof von Demre, dem damaligen Myra, ernannt wurde. Mehreren Quellen zufolge verteilte er sein ererbtes Vermögen an die Armen. Auf dem Konzil von Nizäa soll er seinen Widersacher Arius geohrfeigt haben und deshalb zunächst verhaftet, dann aber rehabilitiert worden sein.

Alles Weitere ist spekulativ, insbesondere Legenden wie jene, dass Nikolaus drei bereits zerstückelte und gepökelte Leichen wieder zum Leben erweckt habe. Erschwerend kommt hinzu, dass sich die Überlieferungen wohl auch auf die Taten eines gleichnamigen Abtes des Klosters Sion bei Myra beziehen. Am bekanntesten ist bis heute die Geschichte, derzufolge Nikolaus junge Frauen aus seiner Nachbarschaft vor der Prostitution bewahrte, indem er heimlich Goldklumpen durch den Kamin in die darin zum Trocknen aufgehängten Socken warf und somit für eine ausreichende Mitgift sorgte.

Martin Luthers Versuche, den Nikolauskult im Jahr 1527 als »kyndisch Ding« zu geißeln und die Geschenke am 6. Dezember durch das »Christkind« zu ersetzen, das uns an Weihnachten »beschert«, überstand der Bischof von Myra noch weitgehend unbeschadet. Auch die Tatsache, dass italienische Kaufleute seine Gebeine nach Bari verschleppten, schmälerte die Verehrung des »Heiligen Nikolaus« nicht. Erst Coca Cola machte ihm den Garaus, indem es ihn in den Firmenfarben einkleidete, ihn an den Nordpol verfrachtete und seit den dreißiger Jahren als »Santa Claus« weltweit auf das Kitschigste und Profitabelste vermarktet.

Es mag dem Umstand geschuldet sein, dass die Nikolausstatue von Demre einem katholischen Bischof zumindest noch halbwegs ähnlich sieht, oder schlichtweg der Tatsache, dass die Stadt außer dem Nikolausdenkmal nur zweckmäßigen Wohnraum für Arbeiter, die in immensen Treibhausanlagen Tomaten anbauen, zu bieten hat, ich jedenfalls treffe, noch ehe ich die Statue hinter mir lasse, eine Entscheidung: Ich würde meine protestierenden Beine ignorieren und weiterfahren, noch einmal dreißig Kilometer weit bis zur nächsten Stadt, Finike.

Der Hauptgrund dafür, dass ich mich trotz der fortgeschrittenen Stunde erneut auf den Weg mache, ist jedoch ein anderer: Nach den zurückliegenden Stunden, in denen ich durchweicht wurde wie ein Toastbrot von warmer Butter, möchte ich im heutigen Tag ein positives Gegengewicht verankern. Ich möchte ein Final setzen und den bereits als Lump abgeschriebenen Tag auf diese Weise nachträglich krönen.

Komm schon, Garfield, alter Freund, lass die Macken sein. Schau, ich repariere rasch die Geschwindigkeitsanzeige und klebe das Schutzblech sporadisch an den Rahmen, und weiter geht die wilde Hatz!

Schnurgerade führt die Straße aus Demre heraus. Bis Finike schmiegt sie sich eng ans Meer. Dessen Wellen fallen übereinander her wie 655 nach Christus die arabische über die byzantinische Flotte, die hier einen überragenden Sieg davontrug und dadurch die Muslimisierung Kleinasiens entscheidend vorantrieb. Es bleibt windig, aber trocken. Der aufgewühlte Ozean schickt Welle um Welle ans Ufer. Wo sie auf die Felsen treffen, umspülen sie selbst die größten Brocken und klammern sich ans Gestein, ehe sie schmatzend in den Leib des Meeres zurückgezogen werden. Das Geräusch, das dabei entsteht, interpretiere ich ohne falsche Bescheidenheit als Beifall für mein Vorhaben. Der Wind schiebt kräftig von hinten, die Sonne feuert mich durch Wolkenlücken hindurch an. Mit Wonne lege ich mich in die Kurven, rase wie ein Berserker Finike entgegen. Übermütig grüße ich entgegenkommende und überholende Autofahrer, die frenetisch zurückwinken.

Pünktlich zum Sonnenuntergang erreiche ich mein Etappenziel und finde auf Anhieb ein Hotel, das für umgerechnet sechzehn Euro alles bietet, was ich benötige. In Hochstimmung beziehe ich mein Zimmer. Der Wegabschnitt von Demre nach Finike hat die Strapazen des Tages wettgemacht. Endorphine überdecken den Schmerz in meinen Beinen. Und überhaupt: welche Strapazen eigentlich? So schlimm war es doch auch wieder nicht, oder?

Mit einem gelösten Lächeln schlafe ich ein. Ein Hoch auf Lykien!

Die Eroberung des Olymp

Erfreulicherweise geht es mir am folgenden Morgen noch immer gut. Garfield aber sieht arg mitgenommen aus. Zwei seiner Kabel hängen traurig zu Boden, das hintere Schutzblech wippt bei der kleinsten Erschütterung quiekend auf und ab. Er ist über und über mit Dreck bespritzt. Die einst so stolz thronende türkische Flagge hängt wehleidig auf Halbmast. Eine Stunde rubbele und schrubbe ich an meinem Gefährt(en) herum. Ich päppele Garfield auf, bis er beinahe in ursprünglichem Glanz erstrahlt.

Der Weg ins fünfzehn Kilometer entfernte Kumluca verläuft ebenerdig. Wobei »Weg« die Sachlage unzureichend beschreibt. Eine vierspurige, nach frischem Teer riechende Straße durchzieht die fruchtbare Schwemmlandebene zur Rechten und Linken. Wohin ich blicke, sehe ich Orangenhaine, Zitronenplantagen und Tomatenstauden. Die Gegend um Kumluca gleicht aus, was das hinter mir liegende taurische Gebirge um Ölüdeniz und Kaş an Kargheit aufwies. Ich genieße es, beinahe anstrengungslos mit fünfundzwanzig Stundenkilometern voranzukommen. Vor allem, da ich nur zu gut weiß, was mich direkt hinter Kumluca erwartet. *Tahtalı Dağı* nennt sich das zweieinhalbtausend Meter hohe Bergmassiv, dessen östliche Flanke sich mir nun in den Weg stellt. Vor vierzig Jahren hat man hier im Gebirge einen Nationalpark angelegt und ihm den griechischen Namen für »Berg« gegeben: *Olimpos Beydağları*. In der Antike nannten die Menschen die steilen Berge mit den unerreichbaren Spitzen generell »Olympos« und vermuteten dort den Hort der Götter. In Anatolien tragen sieben Berge diesen Namen, doch nur einer von ihnen dürfte so spektakulär zum Meer hin abfallen wie dieser hier.

Obwohl es hartnäckig bergauf geht, schlage ich mich vergleichsweise gut. Pinienwälder wechseln sich mit alm-ähnlichen Feldterrassen ab. Die Gegend strahlt eine souveräne Ruhe aus, in die ich mich gern fallen- und von der ich mich aufwärts tragen lasse. Ich beginne nachzuvollziehen, warum sich gerade hier ein paar Aussteiger in Baumhäusern eingenistet haben – auch wenn diese Tatsache inzwischen zum devisenträchtigen Touristentipp verkommen ist.

Beinahe wäre ich an dem unscheinbaren Schild mit der Aufschrift *Çıralı/Chimaira* vorbeigefahren. Dabei freue ich mich seit dreieinhalb Tagen darauf, die Nationalstraße an dieser Stelle kurzzeitig zu verlassen! Habe ich doch erfahren, dass hier, wo der Taurus dem Meer zu Leibe rückt, seit Jahrtausenden ein ganz besonderes Naturereignis stattfindet.

Ich muss nur erst einmal dorthin gelangen! Das Schild zeigt nicht nur die erhoffte Abzweigung nach Çıralı an, sondern macht auch klar, dass es sieben Kilometer bis dorthin sind. Sieben Kilometer, auf denen man die südliche Flanke des Olympos herunterrutscht, und die man sich, wenn man in einem Liegerad sitzt, hernach mühsam zurückerobern muss – zum zweiten Mal an diesem Tag.

Zum Glück hechtet, noch ehe ich das Abzweigungsschild erreicht habe, ein *Dolmuş*-Fahrer heran und rattert die Preise für eine Hin- und

Rückfahrt herunter wie einen Countdown. Augenscheinlich sorgt die Nebensaison dafür, dass er dringend einen Mitfahrer benötigt. Als der Betrag so niedrig wird, dass es sich kaum noch lohnen dürfte, hierfür überhaupt den Motor anzuwerfen, schlage ich ein und beschließe, die Summe am Ende aufzurunden.

Gemeinsam verstauen wir Garfield im Kofferraum des *Dolmuş*. Er sträubt sich nach Kräften gegen die ungewohnte Behandlung. Wir müssen ihm den Fahnenmast rauben, das Hinterrad abnehmen und den Lenker grotesk verdrehen, ehe er sich in sein Schicksal fügt. Dann gleiten wir die Südflanke des Berges hinab.

Je näher wir der Küste kommen, desto mehr Pensionen spitzen links und rechts des Sträßchens aus dem Pinienwald. Kurz darauf kreuzen erste Touristen in der für sie typischen Uniform unseren Fahrweg: kurze Hosen, verschwitztes T-Shirt, Sonnenbrille und Fotoapparat. Unten angekommen fahren wir durch ein improvisiertes Dörfchen, das kaum mehr ist als eine Kulisse für all die Postkartenständer, Kunsthandwerkauslagen und Menütafeln, mit denen es vollgestellt ist. Dennoch ist all das in Çıralı noch wohltuend verhalten, vergleicht man es mit den Wucherungen des Massentourismus in den umliegenden Dörfern und Städten.

Von hier an führt uns eine Schotterpiste zu einem adretten Wäldchen. Ich bin froh, dass Garfield im Kofferraum verstaut ist: Das Geruckel wäre nicht nach seinem Geschmack gewesen.

Als wir an einer Art Teestand ankommen, drosselt der Fahrer den Motor. Ich lasse Garfield und drei meiner Radtaschen inklusive eines halbvollen Geldbeutels zurück und beginne, die Südwand des Olympos emporzusteigen.

Was leichtsinnig erscheinen mag, entspricht in Wahrheit Kalkül. Der *Dolmuş*-Fahrer ist in dieser Gegend bekannt wie ein bunter Hund. Auf der Fahrt hat er ohne Unterlass Pensionsbesitzer und Souvenirverkäufer gegrüßt. In der Hauptsaison fährt er nach eigenen Angaben Touristen von Antalya und Finike bis hierher. Er scheint sich auf Çıralı spezialisiert zu haben. Türmte er mit Garfield und meinen Radtaschen, könnte ihn jeder in der Gegend mühelos identifizieren. Ich auch, da ich mir das Nummernschild des *Dolmuş* gemerkt habe. Für mich wäre der Verlust verschmerzbar, meine schweißdurchtränkten T-Shirts kann er gerne haben. Er aber könnte sich in dieser Gegend lange Zeit nicht mehr blicken lassen. Diebe verlieren in der Türkei ihre Ehre. Sie laden *ayıp*, Schande, auf sich und werden in der Regel gesellschaftlich geächtet. Der *Dolmuş*-Fahrer hat daher Einiges zu verlieren, deutlich mehr als ich, und tut gut daran, auf meine Sachen aufzupassen.

Der Atem der Chimäre

Nach einem Kilometer Fußmarsch breitet sich eine mit Felsen übersäte Lichtung vor mir aus. Schon von Weitem erkenne ich, was mich hierhergeführt hat: Zwischen Steinen züngeln kleine Flammen. Erdgasgespeist führen sie an der Erdoberfläche ein Tänzchen auf. Es ist eine seltsame Darbietung, die seit Jahrtausenden an diesem Ort gegeben wird. Bereits in der Antike leuchtete dieses Flammenfeld Schiffen den Weg.

Augenblicklich verfalle ich dem Brand, der, obwohl einzigartig und unerwartet, sich harmonisch in die umliegenden Pinienwälder einfügt. Wie Christbaumkugeln hängen pralle Granatäpfel in den Bäumen, Orangen- und Olivenhaine flankieren sattgrüne Wiesen. Mit dem Füllhorn schüttet die Natur ihre Reize aus. Hier, wo die Flammen an Felsen lecken, gewährt uns ein Kraftort einen Blick in die Eingeweide unseres Planeten.

Oder ist die eigenwillige Energie, die kontrollierte Kraft, die in *Chimaira* zum Ausdruck kommt, vielleicht das Ergebnis dessen, was einst hier geschah? Der »Ilias« und weiterer Dichtungen zufolge kam damals Bellerophon in diese Gegend. Statt auf ein abstruses Dreirad vertraute er auf ein geflügeltes Pferd. Und statt malerisch züngelnden Flammen fand er an diesem Ort ein feuerspeiendes Mischwesen vor. Wo anders als hier könnte der entscheidende Kampf jener drei stattgefunden haben, an diesem Ort, der bis heute eine nicht greifbare Faszination ausstrahlt, eine Kraft, die aus dem Inneren unseres Planeten stammt?

Wie immer, wenn Männer in ernsthafte Schwierigkeiten geraten, war eine Frau ursächlich für das Zusammentreffen der Kontrahenten verantwortlich, eine Königin gar. Homer zufolge setze sie nach der Zurückweisung ihrer Liebe das Gerücht in die Welt, Bellerophon habe sie geschändet. Der lykische König Iobates erfuhr davon erst, als Bellerophon bereits seit neun Tagen sein Gast war. Daher ließ er Bellerophon nicht töten, sondern beauftragte ihn stattdessen, ein feuerspeiendes Untier niederzustrecken, das weit über die Gegend hinaus Unheil anrichtete: eine Chimäre, ein dreiköpfiges Monstrum – am Rumpf den Kopf eines Löwen, im Nacken den einer Ziege und am Schwanz den eines Drachen.

Ungeachtet dessen, dass eine Ziege wenig furchteinflößend ist und ein Krokodil- oder Adlerkopf daher zweckmäßiger gewesen wäre, wandte sich Bellerophon an den Seher Polyeidos. Jener riet ihm, militärisch gesprochen, zum Einsatz von Artillerie. Er müsse das widerspenstige Vieh großkalibrig angreifen, und zum Glück habe er, Polyeidos, gleich die passende Lösung parat: Pegasus nämlich, ein geflügeltes Pferd, Spross des Meeresgottes Poseidon und der Gorgone Medusa.

Auf jenem Flügelross gelangte Bellerophon also hierher, wo die Flanke des Olympos dem Meer entgegenstürzt. Nach einigem Hin und Her platzierte er einen Bleiklumpen im Rachen der Chimäre, der im Feueratem der Bestie schmolz, sodass das Untier erstickte. Einige Heldentaten später galt Bellerophon in ganz Lykien als Liebling der Götter. Iobates gab ihm seine Tochter zur Frau und schenkte ihm die Hälfte seines Königreiches. *The winner takes it all*: An die Chimäre erinnern heute nur noch die aus dem Erdinneren züngelnden Flammen.

An dieser Stelle könnte die Geschichte zu Ende sein. Homer aber war ein Kenner unseres Menschseins und wusste, dass ein vollständiges Bild erst dann entsteht, wenn Licht und Schatten zusammenwirken. Folglich gönnte er unserem Helden keinen friedlichen Lebensabend am Meeresrand.

Immerhin hatte Bellerophon noch immer das geflügelte Pferd! Damit wollte er hoch hinaus: Zum Berg der Götter, dem Olymp, wollte er gelangen. Zeus, erbost über diese Dreistigkeit, schickte eine Bremse, die Pegasus stach, woraufhin jener seinen Reiter abwarf. Bellerophon fiel zurück auf die Erde und musste den Rest seines Lebens als elender Krüppel verbringen. Pegasus hingegen flog weiter, gelangte tatsächlich zum Olymp und wurde dort in ein Sternbild verwandelt. Bis heute schwebt er hoch über unseren Köpfen.

Schnelligkeit, Leichtigkeit, Übermut

Wie erwartet nippt der *Dolmuş*-Fahrer genüsslich an einem Glas Tee, als ich zu ihm zurückkehre. Ich spendiere ihm einen weiteren, dann ruckelt der Kleinbus gutmütig den Berg hinauf.

Meine Gedanken kreisen noch immer um das Feuerfeld, um fauchende Fabelwesen, frivole Verlierer und fliegende Pferde. So bemerke ich nicht, dass ich drauf und dran bin, den ersten und einzigen großen Fehler zu begehen, der mir im Verlauf meiner Liegeradtour unterlaufen sollte.

An der Nationalstraße angekommen, verabschiede ich mich herzlich von dem *Dolmuş*-Fahrer, schraube Garfields Hinterrad an, werfe einen flüchtigen Blick auf das Ergebnis und brause los. Der Olymp ist bezwungen, ich habe mehr erreicht als Bellerophon, jetzt geht es talwärts, immer bergab, und das bedeutet Schnelligkeit, Leichtigkeit, Übermut!

Erst als ich eine knappe halbe Stunde später erneut von der Nationalstraße abbiege, um die Überbleibsel der antiken Stadt Phaselis aufzusuchen, fällt es mir wie Schuppen von den Augen. Ein Kassierer macht mich unfreiwillig auf meinen Leichtsinn aufmerksam. Neugierig stürzt er aus dem Kassenhäuschen, als er Garfield und mich umblickt, umkreist uns dann jedoch in respektvollem Abstand. Dabei schüttet er Lob über uns aus: So originell, ja nie gesehen sei dieses Gefährt. Lediglich bei der Sicherheit sammeln wir Minuspunkte. »Du musst dein Rad besser kennzeichnen, damit dich die Autofahrer rechtzeitig sehen«, bemängelt er.

Was soll das nun wieder heißen? Ich habe doch vorgesorgt, über mir baumelt doch … die Fahne! Der Mast, der Wimpel und die türkische Flagge – alles ist weg! Ich fahre quasi staaten- und gesetzlos durch die Türkei. Natürlich, schießt es mir durch den Kopf, der verdammte *Dolmuş*! Ich musste das Fahnenensemble ja herausziehen, damit Garfield in den Kofferraum passte. Anschließend war ich wohl so froh, wieder auf der Nationalstraße zu sein, dass ich vergaß, eines der wichtigsten Utensilien mitzunehmen. Eines nämlich, das sich auf Augenhöhe der Autofahrer befand und dafür sorgte, dass diese rechtzeitig hinter mir auf die Überholspur wechselten.

Würde uns der Kassierer nicht noch immer hartnäckig umrunden, stiege ich unverzüglich ab und verabreichte mir eine geballte Ladung Ohrfeigen. So aber spare ich den Ärger über mich selbst auf und lasse ihm erst später, in einem verlassenen Waldstück, freien Lauf. Ich schelte mich einen Anfänger und Idioten, einen kurzsichtigen Hektiker. Das ist die Rache des Universums dafür, dass ich ein paar Kilometer im *Dolmuş* statt auf Garfield zurückgelegt habe.

Wie dem auch sei: Ein Ersatz für die fehlende Fahne muss her! Noch ehe ich Phaselis erreiche, lese ich einen mannshohen Stock vom Wegrand auf, den ich kurz darauf mit einem herumliegenden weißroten Plastikband notdürftig befestige. Mit dem Rest des Plastikbands verziere ich die Spitze des Stocks. Garfield kommt nun deutlich weniger windschnittig daher als zuvor. Unzufrieden wirkt er, als ich ihn direkt vor den Ruinen von Phaselis abstelle. Ein wenig erinnert er mich an ein abgestürztes Insekt, das man mit einem Holzpfahl an den Boden gepinnt und mit Signalfarben gekennzeichnet hat.

Zum Glück ist Phaselis dazu prädestiniert, mich auf andere Gedanken zu bringen. Direkt neben einem Sandstrand stehen in einem pittoresken Pinienwäldchen die Überreste einer einst florierenden Handelsstadt. Erst als um 150 vor Christus das nahe gelegene Antalya gegründet wurde, verkam Phaselis nach und nach zu einer verwunschenen Seeräubersiedlung. Die Römer bauten den Ort im ersten Jahrhundert nach Christus wieder auf. Aus jener Zeit stammen die meisten der bis heute erhaltenen Ruinen.

Vom obersten Rang des ehemaligen Amphitheaters aus genieße ich einen grandiosen Blick auf den Zuschauerbereich und die Arena. Der Wind wirbelt Staub auf, und beinahe kann ich spüren, wie dort unten einst Philosophen für ihre Argumente stritten, wie Tiere gehetzt, Wetten abgehalten und Waren feilgeboten wurden. Gleich hinter dem geräumigen Areal schimmern auf Lichtungen die Ruinen von Phaselis herüber, und über alldem, scheinbar direkt vor meinen Augen, schraubt sich der Gipfel des mächtigen *Tahtalı Dağı* durch ein Wolkenband.

Lange bleibe ich an meinem privilegierten Aussichtspunkt. Es ist bereits später Nachmittag, als ich mich aufraffe und durch die Ruinen der antiken Stätte hindurch zurück zu Garfield schlendere. Eine neue Leichtigkeit geht mit mir.

Rechterhand plantschen Kinder im seichten Wasser des Mittelmeers, das hier behutsam an die Küste perlt, ganz so, als leiste es auf diese Weise dem Kleinod Tribut, das sich direkt an seinem Ufer befindet. Erst die ewigen Flammen bei Çıralı und nun Phaselis, die schönste aller erhaltenen antiken Stätten, Ephesus eingeschlossen: Heute habe ich an nur einem Tag die beiden Höhepunkte meiner Türkeitour erleben dürfen.

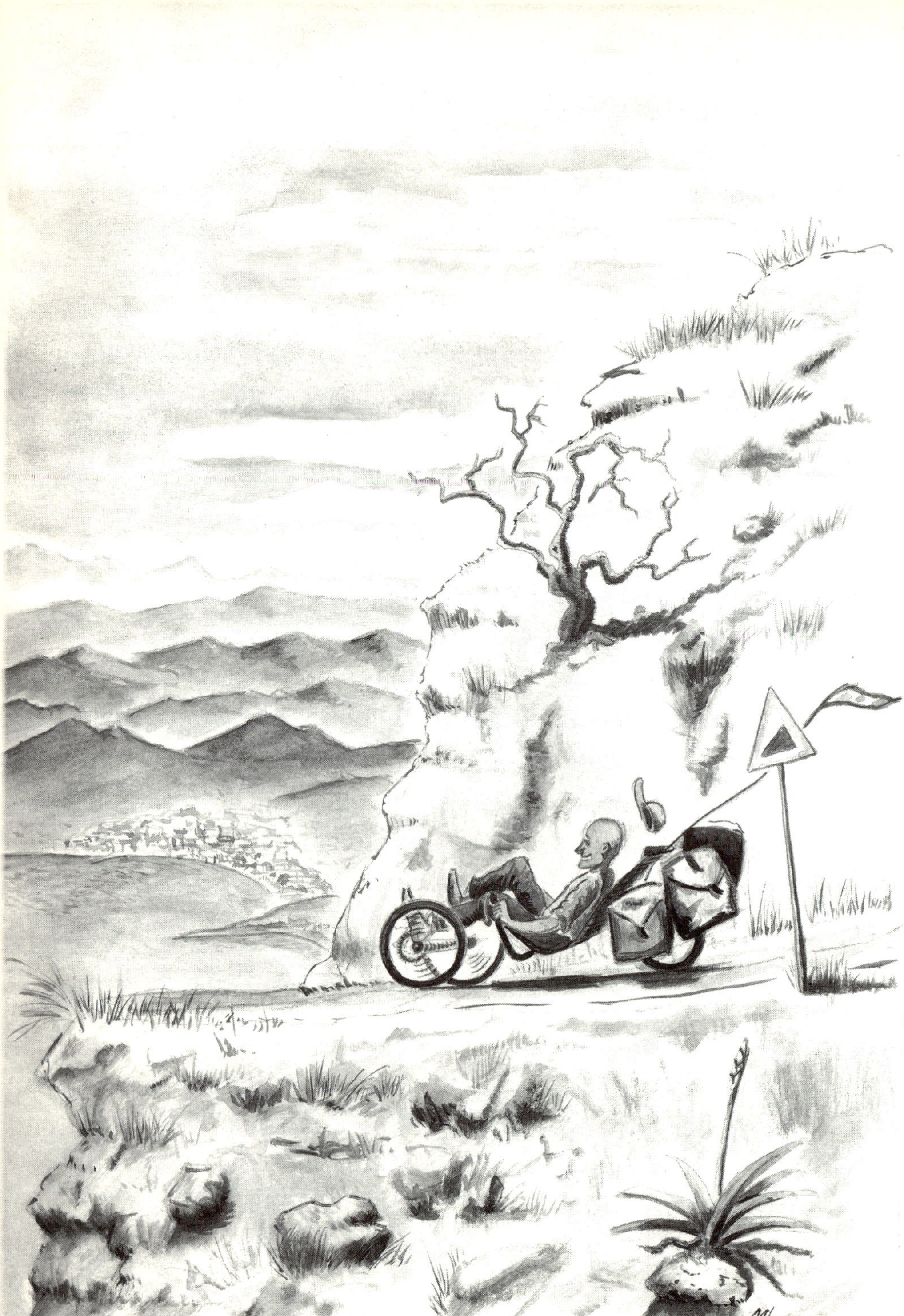

KAPITEL 3

Der Feingeist von Side und das verschlafene Opferfest:

Tagträume an der Türkischen Riviera

Fischerdörfer zu Ferienhaussiedlungen: Unterstützt von Milliardenkrediten der Weltbank begann man in den Neunzigerjahren, den Küstenstreifen um Antalya herum nachhaltig zu verändern. Wo einst gewachsene Dorfgemeinschaften vorherrschten, Fischer ihrer Arbeit nachgingen und das in der Vorstellungskraft der Bewohner am weitesten entfernte Ziel Ankara war, hausen jetzt Gäste aus aller Welt, vor allem aus Deutschland und aus Russland. Sobald sie in Antalya landen, verfrachtet man sie in Limousinen und Kleinbusse, anschließend lädt man sie hier ab, in gigantischen Gebäudekomplexen, die wie vom Himmel gefallen in der Landschaft stehen. Man hat mannshohe Mauern um sie herum errichtet, um sicherzugehen, dass niemand in Gefahr gerät, mit der Umgebung in Berührung zu kommen. Gelbe Handtücher markieren am Strand den abgesteckten Liegestuhlbereich eines Hotelbunkers, rote und grüne die Bereiche der anliegenden.

Wer nicht »all inclusive« bucht, dessen Blick erhascht nur noch selten einen Strandausschnitt. Hotelhochhäuser und Ferienhaussiedlungen haben sich zwischen das Meer und die Küstenstraße geschoben, deren Verlauf ich folge. Sie enthalten alles, was Touristen benötigen – Schwimmbäder, Masseusen und Friseure, Alkohol, Schnitzelrestaurants und Souvenirläden mit Sonnencreme im Sonderangebot –, nur eben nichts Türkisches mehr. Wie gelandete Fünfsterne-Raumschiffe stehen die Kunstwelten in einer ansonsten jeglichen Charmes beraubten Region herum.

Eines der Zentren dieses Wahnsinns ist Kemer. Spät abends komme ich in der Stadt an, doch die Straßen sind hell erleuchtet. Einkaufswillige Gäste flanieren an Schnäppchen vorbei, die auf Deutsch und Englisch angepriesen werden. An *Eski Köy*, das »alte Dorf«, wie Kemer einst genannt wurde, erinnert heutzutage nichts mehr. Kemer ist keine Stadt, sondern ein Konglomerat aus videoüberwachten Einkaufsstraßen und Hotelvierteln, das überall angesiedelt sein könnte. Gucci, Levi's und Burger King, wohin man schaut: Selten hat eine Stadt alles, was sie ausmachen könnte, so resolut ausradiert. Die Touristen haben Kemer übernommen. Auf ihre Wünsche ist hier alles ausgerichtet, ansonsten zählt nichts mehr.

Dabei kann ich nicht abstreiten, dass Angebot und Nachfrage in Kemer gut aufeinander abgestimmt sind. Wer frisch aus Deutschland eingeflogen ist, dem erscheinen die feilgebotenen Waren tatsächlich preiswert. Mir hingegen kommen die Ledergürtel und Sonnenbrillen, das »Turkish Delight« und die Gewürzschächtelchen immens teuer vor. Die Preise liegen ein bis zwei Drittel über dem Niveau, an das ich mich in den vergangenen Tagen gewöhnt habe. Nun, Händler wie Touristen sind zufrieden, und ich nehme es freudig als Zeichen meiner zunehmenden Türkisierung, dass ich in Kemer nicht Gefahr laufe, mich bei einem Handel über den Tisch ziehen zu lassen. Auf ein Drittel des Ausgangspreises handele ich einen Verkäufer herunter, bei dem ich einen Wimpel in den Farben der türkischen Flagge erstehe.

Kampf gegen eine moderne Chimäre

Nichts deutet darauf hin, dass heute der Tag werden würde, an dem ich die längste Etappe meiner Türkeireise zurücklege. Da die Pension in Kemer kein Frühstück anbietet, behelfe ich mir mit ein paar Keksen

und breche eher missmutig als mutig auf. Erst als ich die Nationalstraße erreiche, bessert sich meine Laune. Die Berge des Taurus stehen
im Halbkreis hinter mir, als träten sie zu einer Versammlung zusammen. Vor mir hingegen liegt weites, flaches Land. Hier kann Garfield
zeigen, dass mehr als nur ein fauler Schmusekater in ihm steckt.

Keine Stunde brauche ich bis zum zwanzig Kilometer entfernten Beldibi. Der neue Wimpel knattert hoch über mir im Wind. Kaum habe ich
die Stadt erreicht, spendiert mir eine von Haarausfall und Zahnlücken
gezeichnete Roma ein Börek, das ich dankbar annehme. Kurz darauf
stellt ein Polizist sein Motorrad direkt neben Garfield ab, der im Schatten einer Pinie auf meine Rückkehr wartet. Misstrauisch umrundet er das
seltsame Gefährt. Er drückt auf dem Sitz herum, prüft die Beschaffenheit
der Reifen und dreht den Lenker nach links und rechts, bis ich mich
als Fahrzeughalter zu erkennen gebe. Auch bei ihm hat der Kopfgärt-
ner ganze Arbeit geleistet, erkenne ich, als er seine Mütze abnimmt und
mich begrüßt. Da wir somit Leidensgenossen sind, auch wenn auf meiner Seite ein Haarkranz wacker die Stellung hält, trinken wir gemeinsam
eine Runde Tee; währenddessen spricht er immer wieder in ein Funkge-
rät hinein, in dem es daraufhin vielversprechend knackt.

Natürlich verstehe ich nicht, was er sagt, denke aber, dass er seine
Kollegen über die Entdeckung informiert, die er soeben gemacht hat.
Denn kurz darauf stellen zwei weitere Polizisten ihre schnittigen Maschi-
nen neben Garfield ab, der angesichts der Übermacht an Elan und Kraft
kleinlaut die ihm inzwischen bekannte Prozedur über sich ergehen lässt:
Er wird befummelt und angegraben, ehe die Kollegen des Polizisten
lachend zu uns kommen. Die Roma, die vermutlich nicht weiß, wie ihr
geschieht, spendiert uns eine weitere Runde Tee und lächelt unsicher.
Da lädt man einen seltsamen Kauz zum Börek ein, schon kommen in
seinem Schlepptau drei Polizisten herbei, und alle wollen nun schon zur

dritten Runde Tee eingeladen werden. Verstohlen stecke ich ihr einen Geldschein zu, als ich von der Toilette zurückkomme. Daraufhin besteht sie auf einer vierten Runde Tee für alle. So sitzen wir, eine Roma, ein deutscher Liegeradfahrer und drei türkische Polizisten, eine weitere Viertelstunde zusammen, unterhalten uns prächtig, ohne uns daran zu stören, dass keiner von uns mehr als hundert Wörter der jeweils anderen Sprache beherrscht, und beobachten träge den sporadisch aufbrandenden Straßenverkehr.

Die Polizisten lassen es sich nicht nehmen, mich zu eskortieren, als ich von Beldibi aufbreche. Auf den folgenden fünf Kilometern gleite ich voran, umringt von drei knatternden Motorrädern, unterstützt von guten Ratschlägen und angefeuert von Lachsalven. Dann, wie auf ein geheimes Zeichen hin, winken mir die drei abschließend zu und brausen mit beneidenswerter Leichtigkeit von dannen.

Die Ruhe, die daraufhin eintritt, dauert nicht lange. Mit jeder Pedalumdrehung nimmt die Verkehrsdichte zu. Eine Millionenmetropole kündigt sich an. Sie sendet Lastwagen und Mopeds als Boten aus. Wie Wächter reihen sich Verkaufsstände und Restaurants am Straßenrand aneinander. Ich fliege an Tankstellen vorbei, die Ausmaße von Einkaufszentren annehmen. Dann passiere ich ein Schild, das ich am liebsten ignoriert hätte. *Tünel*, lese ich jedoch kurz darauf ein zweites Mal. Das korrespondierende Straßenschild zeigt ein rabenschwarzes Loch, dessen Umrisse gefährlich gezackt sind. Zwei Kurven später steht das angekündigte Unheil vor mir. Ein aufgesperrtes Maul erwartet mich, dahinter eine allumfassende Dunkelheit. Es gibt keine Ausweichmöglichkeiten und keinen Bordstein.

Kurz vor dem Eingang stelle ich Garfield am Straßenrand ab, gehe zwei Schritte in den schwarzen Schlauch hinein und blinzele unsicher in das Dunkel. Es hilft nichts: Durch diese hohle Gasse muss er kommen, es führt kein anderer Weg nach Antalya. Ich knipse Garfields Licht an, ein lächerliches helles Pünktchen in den Weiten der Nacht. Dann sitze ich auf und passe eine Phase ab, in der weniger Autos als zuvor an mir vorbeibrausen. Ich hole tief Luft und steige mit aller Kraft in die Pedale. So schnell ich kann, fahre ich in den Schlund hinein.

Hundertfach verstärkt werfen die Tunnelwände das Geräusch vorbeirasender Autos zurück. Ich habe keine Ahnung, ob deren Fahrer mich hier drinnen ausmachen können. All meine Konzentration ist darauf gerichtet, so schnell wie möglich aus diesem Loch zu gelangen. Meine Oberschenkel führen einen irrwitzigen Tanz auf, der Wimpel über mir meckert wie eine Ziegenherde, und ich bin mir ziemlich sicher, dass ich schreie. Schweiß rinnt mir den Rücken herab. Ein Lastwagen überholt mich so eng, dass mich sein Luftzug kurzzeitig aus der Bahn wirft. Garfield strauchelt, fängt sich aber sofort darauf wieder, und plötzlich werde ich aus der Dunkelheit ins Licht geworfen. Direkt hinter dem Tunnel fahre ich an den Straßenrand, atme ein paar Mal tief durch und setze meine Fahrt erst Minuten später fort. Zweimal sollte sich dieses Prozedere auf den kommenden zehn Kilometern wiederholen.

Die Tunnel sind jedoch lediglich ein Vorgeplänkel zu dem, was vor mir liegt. Eine langgezogene Linkskurve ermöglicht mir, einen ersten Blick auf die Stadt zu werfen, durch die ich heute gelangen möchte. Mein Gott! Antalyas Häuser ziehen sich halbmondförmig über die gesamte Länge einer Bucht hin. Es müssen zwölf, fünfzehn, vielleicht auch zwanzig Kilometer sein, und ein Ende ist nicht in Sicht – was auch an der zähen Nebelsuppe liegt, die die Stadt umgibt. Antalya hat eine Haube aus Smog auf.

Zehn Kilometer vor dem Stadtrand beginnen die Baustellen. Sie beanspruchen den Standstreifen für sich, verengen das Platzangebot und zwingen mich damit auf die rechte der beiden Straßenspuren.

Dort summen Mopeds wie ein Wespenschwarm, rufen mir Autofahrer Unverständliches zu, und viermal drängen mich Lastwagen so weit nach rechts, dass ich mit dem Oberkörper haarscharf an der Leitplanke entlangschramme. Es wird nicht besser, als ich schließlich die ersten Häuser der Stadt erreiche.

Die Chimäre von Çıralı ist ein Schoßhündchen, verglichen mit dem anderthalbmillionenköpfigen Monstrum namens Antalya, das mich jetzt verschluckt. Seine Hochhausfronten und vierspurigen Einfallstraßen, sein unübersichtliches Verkehrsgewühl und der nie abebbende Lärm sind geeignet, mehr als nur einen Liegeradfahrer in die Flucht zu schlagen. Bellerophon hatte mit Pegasus immerhin ein geflügeltes Pferd, um der Chimäre den Schrecken zu nehmen. Ich habe eben Garfield. Nichts für ungut, ohne Zweifel ist er ein Hingucker. Doch was seine Schnelligkeit und Wendigkeit betrifft, ist er gegenüber neunundneunzig Prozent seiner motorisierten Konkurrenten eine Niete.

Eine verschmutzte Stadtautobahn bringt mich ohne Zwischenfälle nahe ans Stadtzentrum. Dort aber beginne ich zu suchen. Aksu, Manavgat, Side? Keines meiner weiteren Ziele ist angeschrieben. Auf gut Glück biege ich in irgendwelche Straßen ein, immer auf der Suche nach einem erklärenden Hinweisschild. Scheinbar planlos verlaufen die Wege durch die Stadt.

Vor zehn Jahren wies Antalya noch etwas mehr als fünfhunderttausend Einwohner auf, heute sind es weit über eine Million. Mit dieser Entwicklung hält keine Stadtplanung Schritt. Eine Stunde lang irre ich hakenschlagend durch das Straßengewirr, bis ich definitiv nicht mehr weiß, wo ich mich befinde und nicht länger mit Bestimmtheit sagen könnte, wo Osten und wo Westen ist. Lastwagen husten mich an, Autos hüllen mich in Abgaswolken, Motorradfahrer zeigen mit dem Finger auf mich.

Ich gebe auf und winke einen Taxifahrer herbei. Als ich ihm umständlich zu erklären versuche, dass ich mitsamt dem komischen dreirädrigen Ding in die erste Stadt östlich von Antalya befördert werden möchte, ruft er einen Kollegen an, der über ein weitaus größeres Gefährt verfügt. Einmal mehr schraube ich Garfield auseinander und quetsche die Einzelteile in den Kofferraum.

Dreißig Minuten lang fahren wir kreuz und quer durch das urbane Monstrum, ehe wir auf eine sechsspurige Ausfallstraße gelangen. Noch immer ist keiner der Orte ausgeschildet, die ich im Folgenden erreichen möchte. Erst als wir Antalyas Flughafen, das größte Einfallstor für »All-inclusive«-Touristen, hinter uns lassen, entdecke ich auf einem unscheinbaren Straßenschild das Wörtchen »Aksu«. Ich bedeute dem Fahrer, anzuhalten, und steige an einer Tankstelle aus dem Taxi. Hinter mir zuckt und röchelt das Monstrum. Unablässig spuckt es Mopeds, Autos und Lastwagen aus. Ich aber bin heil aus seinem Schlund gekommen und habe die Chimäre letztendlich besiegt – »with a little help from my friends«.

Rekordfahrt nach Side

Vermutlich ist es vor allem meinem Wunsch geschuldet, die Dunstglocke von Antalya möglichst rasch hinter mir zu lassen: Kaum habe ich Garfield zusammengebaut und darauf geachtet, dass ich ihn dieses Mal mit dem türkischen Wimpel versehe, rase ich durch Aksu hindurch, als hinge mein Leben davon ab. Hier, in der fruchtbaren Ebene der türkischen Riviera, sind Garfield und ich wieder ein unschlagbares Team. Streckenhungrig saugen wir Kilometer um Kilometer auf, angriffslustig jubeln wir den abnehmenden Kilometerangaben auf den Straßenschildern zu, an denen wir vorüberfliegen. Zunächst unbewusst, dann immer lauter schlage ich mit den Händen den Takt von »Camions

Sauvages«, Manu Chaos Lied über die »wilden Lastwagen«, auf die Lenkstange, ehe ich mir den Ohrwurm laut vorsinge: »le long du serpent blanc, éblouissant, tombent les, tombent les kilomètres«, »entlang der weißen, sich verflüchtigenden Schlange fallen sie, die Kilometer«. Wie so oft habe ich keine Ahnung, über was Manu Chao da eigentlich singt und ob mit der »Schlange« der Lastwagen, die Straße oder etwas ganz anderes gemeint ist, aber es klingt gut und hat, wie praktisch jedes Lied des französisch-spanischen Sängers, mit dem Vorwärtskommen auf Reisen zu tun.

Die Straße führt uns in ausschweifenden Bögen durch das reizfreie Hinterland Antalyas. Auf dem dreispurig ausgebauten Streckenabschnitt geben die Autos Gas, und ich komme, proportional dazu, ebenfalls zügig voran. Bald erreiche ich das Städtchen Serik, das sich so arbeitsgrau präsentiert, dass ich es, ohne anzuhalten, durchfahre. Dann erst mache ich mir Gedanken, wohin ich heute noch gelangen möchte. Hundert Kilometer stecken mir in den Knochen, doch die aktuelle Landschaft, die aus kargen Feldern mit deplatziert wirkenden Ferienhaussiedlungen besteht, ist nicht geeignet, mich zum Bleiben zu bewegen. Dann muss es eben das vierzig Kilometer entfernte Side sein, wo die Straße erstmals seit Kemer wieder das Meer flankiert!

Kaum habe ich diesen Entschluss gefasst, stellt sich mir ein ungewöhnliches Hindernis in den Weg. Zunächst Dutzende, dann Hunderte Krabben überqueren, angesichts ihrer Art der Fortbewegung im wahrsten Sinne des Wortes, die Nationalstraße. Im Zickzack fahre ich um sie herum. Ich beschließe, die tierischen Verkehrsteilnehmer als gutes Zeichen dafür zu sehen, dass ich mich dem Mittelmeer nähere, und trete mit Nachdruck in die Pedale.

Ich tue gut daran. In den vergangenen Tagen ist es beständig unbeständig gewesen, und auch jetzt besprenkelt mich der Himmel probeweise mit Regentropfen. Im Süden formt er ansehnliche Figuren aus schattenschwarzen Wolken. Nur selten noch findet die Sonne eine Lücke, um auf die Erde herabzublicken.

Wie immer, wenn ich wirklich Hilfe benötige, biete ich dem Schicksal einen Pakt an. Wenn es den Regen doch bitte zurückhalten könnte, bis ich in Side ankomme, strampele ich dafür trotz der bereits hinter mir liegenden Wegstrecke mit aller Kraft und hole alles aus Garfield und mir heraus. Ob es nicht auch wissen wolle, wo unsere Grenzen liegen?

Im Gegensatz zu uns kennt das Schicksal den Unterschied zwischen dem, was wir wirklich brauchen, und dem, was wir gern hätten. Die Wolken zu meiner Rechten ziehen beharrlich mit mir, eine wie mit dem Rasiermesser gezogene Trennlinie verhindert jedoch, dass sie Stellung über mir beziehen. Ich starre das Naturphänomen an, zunehmend ungläubig darüber, dass Gott eine Abmachung mit einem Wurm wie mir eingeht, und damit auch wieder zunehmend gläubig.

Halb gerührt, halb erschrocken über meine vermeintliche Macht beschließe ich, meinen Teil des Vertrags einzuhalten. Mein Vorwärtsdrang drückt mich tief in den geflochtenen Sitz des Liegerads. Die Tachometeranzeige zeigt zwanzig Stundenkilometer an, dann fünfundzwanzig und dann dreißig. Genau dort bleibt sie in den folgenden anderthalb Stunden auch, obwohl ich heute außer dem von der Roma spendierten Börek noch nichts Anständiges zwischen die Zähne bekommen habe.

Vielleicht liegt es daran, dass ich nach einigen Kilometern ein seliges Delirium erreiche. Ich sehe, dass sich meine Beine wie die Flügel eines Ventilators im Kreis drehen. Und doch habe ich keine Beine mehr, keine Arme und keine Augen. Ich spüre weder die Pedalumdrehungen, noch, wie sich meine Hände um die Lenkstange legen. Mein Blick hält die Landschaft nicht länger fest. Sie huscht an ihm vorüber: buschgrün, betongrau und wieder buschgrün. Pures Adrenalin bin ich jetzt, reines

Endorphin, durch nichts mehr gestörte Bewegungssucht. Alle Grenzen sind aufgehoben, alle Beschränkungen abgeschafft. Gegenwart und Zukunft haben so klanglos aufgehört zu existieren, als habe es diese Krücken des menschlichen Geistes nie gegeben. Was übrig bleibt, ist nicht Schmerz, nicht Anstrengung und nicht Hektik; es ist ein ins Absolute gesteigerter Genuss. Ja, ich jauchze bei meinem Ritt durch den Abend, hoch und schrill jubele ich wie ein Geigenquartett beim Einstimmen.

Zeitgleich mit dem letzten Sonnenstrahl des Tages falle ich Side in die Arme. Ich reduziere meine Jubelschreie auf ein wohliges Grunzen, steuere das erste Hotel an, das mir zusagt, verhandele hartnäckig um den Zimmerpreis, simuliere einen Weggang und checke schließlich für knapp die Hälfte der ursprünglichen Summe ein. Wie in nahezu allen touristischen Orten ist auch in Side das Preisniveau deutlich höher als in der Umgebung, ohne dass sich das Angebot deshalb in irgendeiner Weise verbessern würde.

Bauchtänzerinnen und Derwische

Der Hotelier, ein gemütlicher Bär mit stolzem Bauchumfang und gezwirbeltem Schnurrbart, murrt zwar ob meiner Unnachgiebigkeit. Sobald er aber sieht, welches Gefährt ich im Eingangsbereich des Hotels abstelle, entspannt er sich. Spontan lädt er mich zum Abendessen ein. In der Hotellobby belegen wir die einzige Sesselgruppe im Raum und schlürfen Tee, den die herbeizitierte Ehefrau dienstfertig serviert. So läuft das hier, auch im touristischen Side und trotz aller zur Schau gestellten Westorientierung.

Der Hotelier besitzt trotz seiner Leibesfülle jene Wendigkeit, die den im Dienstgewerbe Arbeitenden vorbehalten ist und auch die eigenen Ansichten umfasst. Man merkt, dass er gewöhnt ist, spontan auf

Täglich muss Liegerad »Garfield« Aufstiege bezwingen.
Lohn für die Mühe: Blick übers Land und das Städtchen Gökova

Gleitschirmflieger am Strand von Ölüdeniz

Unter türkischer Flagge: Päuschen kurz vor Muğla

Liegerad »Garfield« oberhalb von Kaş

Die »ewigen Flammen« von Çıralı

Römische Ruinen direkt am Meer: Amphitheater von Phaselis

Spektakuläre Einfahrt: Überbleibsel der Stadtmauer von Side

Alanya –einst Piratennest, heute Vorzeigebadeort

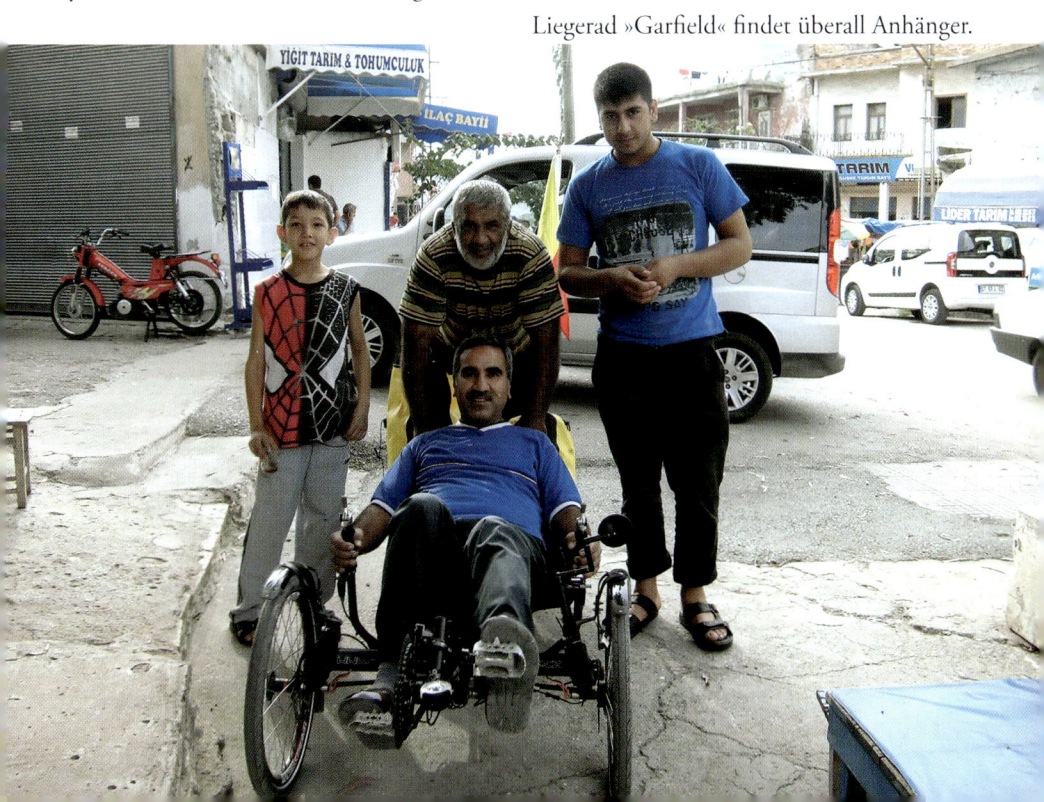

Liegerad »Garfield« findet überall Anhänger.

Anamurs Vorzeigeburg Mamure Kalesi … … wartet mit Kleinoden wie dieser Moschee auf.

Weiter geht's! Motivationsschub in Ceyhan

Einladend: An Orten wie diesem lege ich gern eine Pause ein.

Erosion formte diese bewohnten Felsen bei Göreme.
»Up in the air«: Kappadokien erkundet man am besten per Heißluftballon.

Veränderungen in seiner Umgebung zu reagieren. Wenn seine klobigen Finger nach einer Zigarette greifen, sich seine rundliche Gestalt gefällig zu mir herüberbeugt und sein wacher Verstand nach Gelegenheiten fahndet, mir beizupflichten, um eine Brücke zu mir zu bauen, dann wirkt er weich und biegsam. Das kontrastiert wunderbar mit seiner stämmigen und zupackenden Frau. Deren Bewegungen fordern dem Betrachter Respekt ab, auch wenn sie einen Kopf kleiner ist als ihr Mann. Im Gegensatz zum Hotelier drückt sie den Rücken durch, wenn sie neben uns am Tisch steht. Wenn sie nach der Teekanne greift, um uns nachzuschenken, ist kein Zaudern auszumachen. Sie verfügt augenscheinlich über einen Mittelpunkt, den man bei ihrem Mann nicht auf den ersten Blick ausmacht. Wäre ich heute Abend an sie geraten, hätte sie mir vermutlich keinen so großen Preisnachlass gewährt wie ihr Mann.

Hierzu aber hatte sie keine Gelegenheit. Obwohl vom Charakter her alles für das Gegenteil spricht, ist sie es, die im Verlauf des Abends mit routinierter Selbstverständlichkeit sämtliche Haushaltstätigkeiten übernimmt. Sie tischt auf, schenkt Tee nach und räumt ab, während wir Männer rauchen, radebrechen und ruhen. Ich kann nicht leugnen, dass mir diese Aufgabenverteilung zusagt. Immerhin war ich die vergangenen zwölfeinhalb Stunden unterwegs und genieße es nun, mich um nichts mehr kümmern zu müssen. Trotzdem vermag es der Feminismus, mir zumindest ein schlechtes Gewissen zu verschaffen. Was wäre, wenn statt mir eine Frau per Liegerad ins Hotel von Side gekommen wäre? Kämen ihr dieselben Privilegien zuteil? Könnte sie sich ebenso wie ich zurücklehnen und den Abend genießen? Mehrmals muss ich den Reflex unterdrücken, der Dame des Hauses bei der Teezubereitung zur Hand zu gehen. Weder sie noch ihr Mann hätten diese Geste goutiert.

Vielleicht drückt sich das orientalische Rollenverständnis von Mann und Frau nirgendwo klarer aus als beim Tanz. Bereits lange vor dem

Siegeszug des Islam war der Bauchtanz ein erdverbundener Fruchtbarkeitsritus. Muttergottheiten galten seit jeher als Gebärerinnen: Die Babylonier verehrten Ishtar als Fruchtbarkeitsgöttin, in Kleinasien war Kybele und nicht Amor für die Liebe zuständig, in Griechenland sorgte Demeter für eine gute Ernte, Aphrodite symbolisierte Schönheit und Erotik. Es war nicht der Islam, der dieser Huldigung der Weiblichkeit ein Ende bereitete, sondern das Christentum. Jenes nämlich etablierte den Glauben an einen »Gott*vater*« und lehrte, dass die Geburt der Welt nicht aus einem Mutterleib heraus erfolgte, sondern »durch das Wort«. Maria durfte Jesus nicht »sündig« auf die Welt bringen. Der Bauchtanz allerdings, Hymne an die Fruchtbarkeit der Frau, hat Angriffe dieser Art überstanden. Seine Bewegungen huldigen der weiblichen Verführungskraft bis heute eher explizit als subtil.

Männer tanzen im Orient ebenfalls. Ihre Bewegungen verweisen aber nicht auf die Erde, die Natur. Stattdessen deuten sie zum Himmel. Aufstrebend, um Aufnahme bettelnd, drehen sich die *Derwische*, persisch für »Bettler«, immer rascher um die eigene Achse. Ziel ihres Strebens ist nicht die Frau und nicht die Geburt neuen Lebens, sondern Gott – und damit die »Entwerdung«, die Loslösung vom Irdischen. Irgendwann werfen sie ihre schwarzen Überwürfe, Zeichen der Erdenschwere, von sich und drehen sich in weißen Kleidern, Symbol des Reinen, bis sie ekstatisch zu Boden sinken. Keine noch so verführerische Frau soll sie von ihrem Weg zum Göttlichen ablenken.

Fitne nennen die Türken die Macht der Frauen, Chaos zu verursachen, Aufruhr und Versuchung in den Männern auszusähen. Indem sie weite Kleider und absatzlose Schuhe tragen, begrenzen Frauen ihre Ausdrucksmöglichkeiten und begeben sich auf die Ebene der Männer herab. Herab? Aber sicher: Sie imitieren gewissermaßen deren sexuelle Anziehungs- und Machtlosigkeit. Wenn ein Deutscher durch einen Slum der

Dritten Welt spaziert, tut er schließlich auch gut daran, seinen Schmuck zuhause zu lassen. Er zeigt sich sensibel und spiegelt die ihn umgebende Armut in seinem Verhalten.

Es ist bezeichnend, dass in ausnahmslos allen Gesellschaften, in denen Männer das Sagen haben, Frauen vorgeschrieben wird, ihre Reize zu verstecken. Eigentlich müssten wir »geilen Böcke« doch Miniröcke, hochhackige Schuhe und Ausschnitte bis zum Bauchnabel fordern. Stattdessen schreiben wir der Hälfte der Bevölkerung vor, einen Trumpf nicht auszuspielen.

Warum tun wir das? Weil wir neidisch sind auf die Interaktionsmöglichkeiten, auf die vermeintliche Einfachheit, mit der Frauen mit Männern in Kontakt kommen. »I don't exist when you don't see me«, singen die »Sisters of Mercy«. Wir definieren uns über den Blick unserer Mitmenschen. Aus Angst davor, dabei auf der Strecke zu bleiben, schieben die Männer im Orient ihren Frauen die Verantwortung zu, den Sexualtrieb, dem wir alle unterworfen sind, unter Kontrolle zu halten. Im Idealfall entstehen zweideutige Situationen erst gar nicht. Darum werden Räume für Frauen und Männer voneinander getrennt. Hamams öffnen morgens für Frauen und abends für Männer, in den Moscheen beten die Damen in blickdicht verrammelten Nebenräumen. Nur im »Westen« können sie ihre Entfaltungsmöglichkeiten voll nutzen.

Wirklich? Was im Orient die Männer vorgeben, das bewirkt im Okzident nicht selten die öffentliche Meinung. Der Zwang, Reize zu zeigen, kann ebenso eine Einschränkung sein, wie sie zu bedecken. Sexsymbol und Heilige zugleich sollen Frauen sein. Kippt ihr Verhalten zu sehr auf eine Seite, erfahren sie sehr wohl Einschränkung und Zurückweisung. Anders ausgedrückt wird die Freiheit der Frauen im Orient begrenzt durch den Raum – in der Öffentlichkeit sieht man beinahe ausschließlich Männer –, im »Westen« hingegen durch die Zeit, da Frauen hier in allen

Lebensphasen jung, dynamisch und begehrenswert erscheinen müssen. Vor diesem Hintergrund scheine ich als Mann ganz ohne mein Zutun hier wie dort das bessere Los gezogen zu haben.

Oder ist vielleicht alles ganz anders? Vielleicht haben wir, Frauen wie Männer, ja Regeln geschaffen, von denen wir nur allzu gut wissen, dass wir sie nicht einhalten können. Wir legen es darauf an, sie zu brechen, wir wollen uns ausprobieren. Andernfalls würden wir uns langweilen. Ganze Industriezweige leben von unseren Grenzüberschreitungen, von knapper Kleidung, Seitensprunggerüchten und dem Spiel mit der Versuchung: Illustrierte und Kosmetikstudios ebenso wie die Bildzeitung und das Abendprogramm von RTL.

Türkisch betrachtet vermag die uns bedienende Frau ihre *Fitne* zu zähmen und souverän auf dem Grat zwischen Anmaßung und Duckmäusertum zu balancieren. Ihr Ehemann taut derweil bei jedem Bissen *Dürüm* weiter auf. Nach der ersten dieser langgezogenen Teigtaschen, die in unserem Fall mit Lammfleisch, Erbsen, Salat und reichlich Peperoni gefüllt sind, kramt er seine Deutschkenntnisse zusammen und eröffnet mir, dass er ein halbes Jahr in Bochum gearbeitet habe. Nach der zweiten kommt er auf seine Kinder zu sprechen, die in Adana und İstanbul leben, und sein Blick verliert alle Härte. Ich fühle mich inzwischen weitaus mehr als Gast denn als Hotelkunde. Nach dem dritten *Dürüm* dreht er unter Glucksen ein paar Runden mit Garfield, umrundet lachend sein Hotel, bittet mich, ein paar Fotos mit seinem Mobiltelefon zu schießen, die er augenblicklich seinen Kindern schickt, und lässt mich erst zu Bett gehen, nachdem wir gemeinsam eine Wasserpfeife geraucht haben.

Wie ich versuchte, das Opferfest zu verschlafen

Kaum ziehe ich die Zimmertür hinter mir zu, reißt ein Donnerstoß den Himmel in Stücke. Sofort darauf prasseln Tropfen auf die Erde. Die halbe Nacht hindurch holt das Wetter nach, was es in den vergangenen Stunden verpasst hat. Inmitten des Getöses schlafe ich selig.

Erst als die Geräusche der gegenüberliegenden Diskothek jene des Regens um ein Vielfaches übertönen, fahre ich hoch und reibe mir die Augen. Ah, richtig: Das Gebäude auf der anderen Straßenseite kam mir bereits verdächtig vor, als ich hier nach einem Zimmer fragte. Da der Tanzschuppen aber verrammelt war, hielt ich sein nächtliches Störungspotenzial für gering. Weit gefehlt! Heute, am ersten Tag des jährlichen Opferfestes, sollten Millionen junger Türken Orte wie diesen aufsuchen, um lautstark die Nacht zum Tag zu machen. Auf diese Weise erinnern sie an eines der größten Opfer der Menschheitsgeschichte: Der Bibel zufolge war Abraham bereit, seinen Sohn Isaak zu opfern, als Gott dies von ihm verlangte.

Ich stelle mir diesen Akt als zutiefst stille Angelegenheit vor. Abraham befand sich den Chronisten zufolge in der Wüste, fernab der Zivilisation. Es musste ihm die Seele zerrissen haben, als er abwägte, ob er Hand an sein eigenes Fleisch und Blut legen oder Gott ungehorsam werden sollte – einem Gott, der nicht nur einen Mord von ihm verlangte, sondern die Auslöschung seines Erbguts. Abraham entschied sich schließlich dafür, Gott zu gehorchen. Die Anhänger des Islam – das Wort bedeutet übersetzt nichts anderes als »Hingabe« – sehen in ihm daher den ersten Moslem. »Der sich Gott ergeben hat«, nennen sie ihn. Gemäß der zweiten Sure des Korans ist er ein Leitbild, ein *Imam*, für die Menschen.

Aber muss man derart lautstark an jenes Ereignis erinnern wie die Leute gegenüber, frage ich mich. Dumpf hallen Bässe in immer gleichem

Tempo zu mir herüber. Der Lärmbrei dringt durch alle Ritzen. Subtil geht es dabei nicht zu, jedes Lied gleicht dem vorherigen aufs Haar. Das Hotel scheint sich unter den Schlägen der Musik zu heben und zu senken, hundertvierundvierzig Mal pro Minute, viereinhalb Stunden lang. Die Fensterscheiben schwingen im Takt, das Bett wippt locker hin und her; um meine Erholung ist es vorerst geschehen. Wer kommt überhaupt auf die Schnapsidee, ein Hotel direkt gegenüber von einer Disko zu bauen – oder andersherum, je nachdem, was zuerst da war?

Aber gut, es ist nun einmal der erste Tag des höchsten islamischen Festes; bald wird jeder Türke, der es sich leisten kann, ein Tier schlachten und das Fleisch mit Verwandten, Freunden und Habenichtsen teilen. Also füge ich mich in mein Schicksal, setze mich im Bett auf und schalte im Halbschlaf von einem Fernsehprogramm zum nächsten. Erst als ich nicht mehr unterscheiden kann, ob ich gerade eine türkische, englische oder deutsche Sendung sehe, döse ich ein.

Trotz der rüden Unterbrechung meines Schlafes verlasse ich das Hotelzimmer am folgenden Morgen pünktlich um sieben Uhr. Auch die Nachtruhe des Besitzers scheint unter den phonstarken Attacken von gegenüber gelitten zu haben: Weit und breit ist niemand zu sehen. Kurzerhand greife ich mir den Generalschlüssel, der auf der Theke der Hotellobby liegt, schließe die Gebäudetüren auf und hänge Garfield die Reisetaschen um. Als ich kurz darauf losfahren will, sträubt er sich vehement dagegen. Ich muss ihn erst von Nässe und Dreck befreien, die der nächtliche Sturm auf ihn geworfen hat. Sicherheitshalber ziehe ich die Bremsschrauben nach, dann gleite ich in den geflochtenen Sitz und rolle ins antike Zentrum der Stadt, das zu besuchen ich gestern keine Gelegenheit mehr hatte.

Schon bei der Einfahrt wird mir klar, dass man in Side vieles richtig gemacht hat. Ein langgezogener Säulenweg, gesäumt von Bauruinen aus römischer Zeit, führt mich direkt nach Selimiye. 1895, lange nachdem das antike Side in Vergessenheit geraten war, gründeten türkische Flüchtlinge aus Kreta dieses Fischerdorf auf den Ruinen der Stadt. Eine perfekte Symbiose: Die antiken Bauruinen von Side ziehen Jahr für Jahr bildungshungrige Touristen an, die verlässlich Devisen ins Fischerdorf Selimiye bringen.

Vor dem Stadttor von Selimiye erhebt sich linkerhand ein gewaltiges Amphitheater, das mich augenblicklich an muskelbepackte Gladiatoren, eloquente Philosophen und staubige Wagenrennen denken lässt. Während draußen alles groß und weit erscheint, empfängt mich, als ich durch das Eingangstor fahre, eine verwinkelte, kopfsteingepflasterte Altstadt, die mir einige Fahrkünste abverlangt. Eigentlich ist Selimiye verkehrsberuhigt, Autos und Mopeds dürfen nur mit einer Sondergenehmigung hinein. Der diensthabende Polizeibeamte, auf den ich am Stadttor treffe, ist einen Augenblick lang unschlüssig, ehe er Garfield und mich durchwinkt. Triumphierend lenke ich mein Gefährt zwischen zwei Straßenpfosten hindurch. Dann beginnt ein Spießrutenlauf, von dem Selimiyes Gäste noch lange erzählen würden. Im Zickzack umkurve ich Fotoapparate schwingende Passanten und herbeihechtende Händler. Ich versuche, ihren Fragen zu entkommen und betone mit Nachdruck, dass ich derzeit weder Uhren noch Gewürzdosen oder Handtücher kaufen möchte. Zwei hartnäckige Straßenköter muss ich mit den Füßen abwehren. Selimiyes Häuser sind kaum höher als ihre Bewohner; die Gassen der Altstadt erinnern an Durchgänge eines Jahrmarkts, und wie bei diesen werden links und rechts des Weges in Buden und Auslagen Waren und Vergnügungen feilgeboten. So bin ich froh, als ich den schmucken Hafen erreiche und dort eine Terrasse ausmache, über der ein eisernes Schild mit der Aufschrift *Kahvaltı*, »Frühstück«, um Kundschaft wirbt. Selten sind Angebot und Nachfrage derart deckungsgleich.

Einmal mehr sieht sich der anwesende Kellner als Künstler: Er kreiert ein Ensemble lukullischer Kleinode, die er im Halbkreis anordnet, bis sie den gesamten Frühstückstisch einnehmen. Weizen- und Roggenbrot, Eier, Butter, Schafskäse, Oliven, Tomaten und Gurken, Honig, Marmelade und Schokoladencreme wetteifern um meine Gunst. Ich verteile sie großzügig und gerecht und schmause, bis die Sonne über dem Dach des Lokals erscheint. Sie ist goldumrandet, erinnert an »Side«, den »Granatapfel«, und sorgt dafür, dass ich die Völlerei schweren Herzens beende und zu Garfield zurückkehre. Begleitet von Anfeuerungen, Verkaufsversuchen und Hundegebell fahre ich aus der Stadt.

Die Meditation der Bewegung

Unvermittelt bin ich allein auf weiter Flur. Eben noch war ich um Touristen und Händler herumgefahren, jetzt breitet sich vor mir eine weite Landschaft aus. Das Tachometer scheint bei fünfundzwanzig Stundenkilometern festgetackert zu sein. Meine Gedanken nutzen die stabilen Umstände und reißen sich von der Leine. Mühelos streifen sie Vergangenheit und Zukunft ab und gleiten eine Kette aus Augenblicken entlang.

Jeder ist zur Meditation fähig. Die meisten nennen es nicht so, doch auch sie finden zuweilen einen der wahrhaftigen Augenblicke. Vielleicht werden sie gar überrascht von einem jener zeitlosen Momente, in denen man zur Gänze mit der Welt verschmilzt, sie einen Wimpernschlag lang begreift, mit allen Sinnen genießt und sich hernach verwundert die Augen reibt. Dann ist der Moment bereits vorübergeweht, und wir können die unfassbare Klarheit, die uns den Bruchteil einer Sekunde erfüllte, nicht mehr rekonstruieren. Keinen dieser Augenblicke können wir mitnehmen, es gibt keine Einsicht »to go«. Dass die Erleuchtung keine wärmende Flamme, sondern ein heißer Blitz ist, macht sie so wertvoll. Wir strecken die Hände nach ihr aus, kommen ihr vielleicht sogar nahe, doch sofort darauf sind wir erneut im Korsett der Zeit gefangen, ein Fremdkörper im Universum.

Indem wir für Momente erleben, was möglich ist, wird uns die eigene Unzulänglichkeit umso drastischer vor Augen geführt. Viele versuchen daher erst gar nicht, einen Blick in diese Welt zu werfen. Dabei ist es doch beruhigend, dass nichts einfach nur für sich ist, sondern alles zugleich Ursache und Folge: Negatives bleibt nicht an uns haften, und zu den Blitzen der Erkenntnis können wir immer wieder vorstoßen. Wir müssen lediglich die für uns passende Form finden.

Angebote gibt es genug. Manche sitzen stundenlang im Lotossitz, andere suchen sich jemanden, der sie zum Wertvollsten führen kann, einen Rockstar vielleicht oder einen Priester. Wieder andere rauchen Marihuana, geißeln sich oder fasten. Ich werde bei den meisten dieser Tätigkeiten rasch nervös. Sitze ich bei weichgespülter Musik im Schneidersitz vor einer Kerze, zwickt und zwackt es nach wenigen Minuten. Fremde Hilfe empfinde ich als Verrat, ich will die Tür zu den Möglichkeiten selbst aufstoßen. Marihuana macht mich nur müde, für Selbstgeißelung und längere Hungerperioden bin ich nicht begabt. Meine Meditation ist das Vorwärtskommen. Erst in der Bewegung komme ich zur Ruhe. Nur unterwegs finde ich echte Heimat. Vorwärtskommen, Weitergelangen ist der Zustand, der mir entspricht, das Sinnbild für die immerwährende Veränderung, die unser Leben ist. Gelöst von allem, was mich aufhalten könnte, der Welt nahe wie nie gleite ich rauschhaft voran, bis ein Ortsschild mich jäh zurück auf den Boden holt.

Alanya? Bin ich wirklich siebzig Kilometer weit gekommen, ohne zu merken, dass ich vorwärtsfahre? Es muss wohl so sein, denn die Sonne neigt sich bereits zur Erde herab. Ich entschuldige mich an dieser Stelle bei meinen Lesern, dass ich aufgrund meiner meditativen Anwandlung keine Beschreibung der Landschaft zwischen Side und Alanya liefern kann.

Salti vom Bord der »Sindbad«

Funkelnd wie ein Juwel breitet sich Alanya vor meinen Augen aus. Seit drei Tagen führen die Leute, denen ich unterwegs begegne, den Namen dieser Stadt im Mund. Manche sprechen von ihr wie von einer guten Freundin, andere wie von einer Geliebten.

Bei der Durchfahrt gleicht Alanya den Namensverwandten, dem Rest des A-Teams also, das sich an der türkischen Mittelmeerküste ausbreitet. Es ist kaum von Antalya, Anamur oder Antakya zu unterscheiden. Wie diese macht sich auch Alanya größer, als es ist. Die Häuser der Stadt ziehen sich halbkreisförmig eine Bucht entlang. Da diese auf drei Seiten von den Ausläufern des Taurusgebirges begrenzt wird, gleicht das urbane Ensemble einem Lindwurm.

Was in Alanya steckt, zeigt sich wie so oft bei türkischen Städten erst auf den zweiten Blick. Und auf den dritten und vierten und fünften. Ich habe eines der einhundertfünfzigtausend Hotelbetten der Stadt gefunden und stromere durch die Gassen des Zentrums. Üppig geschmückte Schiffe liegen abfahrbereit am Hafen. Den Touristen zuliebe wurden einige von ihnen mit Piratenflaggen behängt, durch überlebensgroße Figuren verschönert und mit allerlei Krimskrams vollgestopft. Ohne Scheu vor Klischees tragen sie Namen wie »Pirates of Alanya« oder »Black Pearl« zur Schau. Da zu dieser Jahreszeit nun aber kaum Touristen anwesend sind, reklamieren die Kinder der Stadt die Schiffe als ihren Spielplatz.

Was für ein Vergnügen! Vom obersten Querbalken der Takelage eines Wikingerschiffs grinst mir ein Achtjähriger zu, ehe er theatralisch die Arme öffnet und haarscharf am Schiffsrumpf vorbei ins kühle Nass springt. Ein Zwölfjähriger, vielleicht sein Bruder, beklatscht die Aktion vom Ausguck eines Motorschiffs, das als Segler verkleidet ist und damit wirbt, drei Toiletten an Bord zu haben. Dann breitet auch er die Arme aus und lässt sich formvollendet von der Schwerkraft ins Meer holen. Prustend kommt er wenige Meter von mir entfernt an die Oberfläche.

Da er sich offensichtlich hier auskennt, frage ich ihn auf Englisch, ob ich vielleicht die Gelegenheit bekäme, heute noch auf einem dieser Schiffe hinauszufahren. »Klar doch«, ruft er auf Deutsch und zeigt dabei wild in eine Richtung, »Sie sind im Bad!«. Was soll das nun wieder? Meint er damit, dass er nun einmal im Wasser ist und meine Frage daher unangebracht war? Handelt es sich um einen wörtlich übersetzten türkischen Ausdruck, der so viel bedeutet wie »Sie sind auf dem Holzweg«? Oder bezieht sich sein Ausruf auf die Schiffe, die »im Bad«, im Hafen nämlich, sind?

Als Gast in einem fremden Land tut man gut daran, einem ausgestreckten Finger zu folgen. Also gehe ich acht Schiffe weiter und merke endlich, was der Junge gemeint hat. Legt doch in diesem Moment die »Sindbad« vom Kai ab, um, wie ein Transparent verkündet, »die Höhlen von Alanya« zu erforschen. Das ist meine Chance! Kurzerhand nehme ich Anlauf und hechte an Bord, woraufhin der Kapitän den Kopf schüttelt und mich eine Jugendgruppe frenetisch begrüßt. Ich deute eine Verbeugung an, dann richte ich mich auf dem Oberdeck ein, während die »Sindbad« im Rückwärtsgang einen Bogen beschreibt. Kurz bevor die Schubumkehr einsetzt und das Schiff aufs offene Meer hinausgleitet, lässt ein Matrose eine Strickleiter hinab. Die beiden Jungen, die mir eben ihre Kunstsprünge vorgeführt haben, klettern an Bord. Von ihren Körpern tropft es wie aus Kübeln aufs Deck. Sie nicken mir zu wie einem alten Bekannten, ehe sie davonwatscheln; bei jedem ihrer Schritte hört man

Glucksen und Platschen. Allerdings nicht lange, denn dies ist, wie mir erst jetzt klar wird, kein beliebiges Ausflugsschiff.

Auf der »Sindbad« befinden sich neben den beiden patschnassen Jungen und der Crew fünfundzwanzig Türken. Ich hebe den Altersdurchschnitt der Bordgemeinschaft ganz gewaltig. So dauert es nicht lange, bis die ersten lautstark nach Musik rufen. Der Kapitän schaltet die Anlage ein. Das folgende Phänomen kenne ich von meinen Reisen in Südamerika. Das Konzept einer »musikalischen Untermalung«, einer dahinplätschernden Hintergrundmusik oder die Idee, dass die leisen Töne eines durchdacht arrangierten Liedes entspannend wirken können, ist unbekannt. Bumm-bumm-bumm-bumm: Hart und variationslos »kriegen wir den Beat in die Fresse«. Natürlich ist die Musikanlage voll aufgedreht, niemand stört sich daran, dass die Boxen vor Schmerzen aufschreien. Das helle Quietschen der überdimensionierten Lautsprecher gehört einfach dazu. Das Ergebnis ist eine Klangkomposition, die allein dem Krach huldigt. Nuancen sind unerwünscht. Außer wummernden Bässen und einem aufdringlichen Schlagzeug mache ich kaum etwas aus, vermute aber, dass der davon in den Hintergrund geschobene Gesang türkisch ist, denn die ganze Bordgemeinschaft außer mir stimmt nun lebhaft in die Lieder ein.

Schließlich findet *Kurban Bayramı* statt, das türkische Opferfest! Konkret bedeutet das: Ein Land tanzt und lärmt und hat Spaß dabei. Die Jugendlichen um mich herum schreien die Parolen aktueller Gassenhauer mit, als versuchten sie, sich gegenseitig zu übertrumpfen.

Trotz der ungewohnten Geräuschkulisse nimmt die sechseinhalb Kilometer lange Festung, die sich auf der Kuppe des imposanten Burgbergs entlangschlängelt, rasch meine Aufmerksamkeit gefangen. Mitte des zweiten Jahrhunderts vor Christus wurde sie vom berüchtigten Piratenhäuptling Tryphon errichtet. Die Siedlung mit dem charakteristischen

Felsvorsprung wurde »Rabenhorst« genannt und diente ein Jahrhundert lang als Basis für Raubzüge. Erst im Jahre 1221, als die Truppen des seldschukischen Sultans Alaeddin Keykubad die Stadt eroberten, erhielt diese ihren heutigen Namen: Alanya, »Stadt des Ala«.

Bis heute weht ein Hauch vergangener Abenteuer um den Burgberg, auch wenn er uns, vom Meer aus gesehen, die kalte Schulter zeigt. Wilde Ziegen klettern unterhalb der Festung die zerklüfteten Steilwände empor. Von diesem Anblick angespornt entsinnen sich die beiden Jungen, die vorhin von den Schiffen gesprungen sind, ihres Spiels. Übermütig führen sie uns ihre Kunststücke vor. Sie hechten vom Schiffsbug aus in die Fluten, zeigen uns Rückwärtssalti und schrauben sich im Sprung aus der Takelage wie Korkenzieher um die eigene Achse. Kurz darauf klauben sie fünf Meter unter der Wasseroberfläche Muscheln von den Felsen, die sie mir lachend vor die Füße werfen. So also läuft das hier: Man verfügt zwar über eine wechselvolle, über fünftausendjährige Kulturgeschichte und hat Einflüsse aus allen Erdteilen in die eigene Mentalität integriert, darüber aber keineswegs die Kunst vergessen, das Hier und Jetzt zu genießen.

Als wir zweieinhalb Stunden später den Hafen von Alanya anlaufen, züngeln die letzten, orangeroten Sonnenstrahlen des Tages die Westseite der hoch über uns thronenden Burganlage empor. In ausgelassener Stimmung verabschiede ich mich von der feierwütigen Tanztruppe, dann gehe ich, nachdenklicher werdend, zum Hotel zurück. Unterwegs höre ich an einigen Stellen deutsche, dänische und russische Wortfetzen. In den letzten Jahrzehnten sind viele Ausländer nach Alanya emigriert. Die BILD-Zeitung lässt hier sogar eine eigene Ausgabe drucken.

Lange stehe ich an diesem Abend auf dem Balkon des Hotels, hypnotisiert von der effektvoll beleuchteten Burgmauer, die sich vor meinen Augen um die Halbinsel erstreckt. Zu ihren Füßen klettern die Häuser der Altstadt zum Teil derart waghalsig den Hang empor, dass man sich wundert, warum sie nicht wie eine Lawine ins Meer stürzen. Linkerhand des Burgbergs zieht sich der östliche Strand kilometerweit die Küste entlang, befunkelt von den Lichtern der anbrandenden Stadt in seinem Rücken. Vor ihm liegt der Ozean, eine endlose tiefschwarze Fläche, eine dunkle Ewigkeit voller Geheimnisse und Rätsel. Ein Abglanz dieser Dunkelheit durchläuft Alanya: Die Nationalstraße ringelt sich, ein schattenhafter Streifen, quer durch die Stadt. Sie würde mir auch morgen wieder den Weg zeigen, beharrlich und verlässlich, wie in den zurückliegenden zehn Tagen, in denen ich immer tiefer in das Land eingetaucht bin.

Meine Gedanken sind nicht mitgekommen zum Hotel. Sie verharren noch immer bei der tanzwütigen Jugendgruppe und den beiden Jungen auf dem Schiff. Auf einmal, wie auf ein verborgenes Zeichen hin, hatten Unterschiede zwischen Mädchen und Jungen, Türken und Deutschem keine Rolle mehr gespielt. Sieht so die Gegenwart, die Zukunft der Türkei aus? Gelten die Hierarchien lediglich im offiziellen Rahmen, aber nicht mehr auf See? Und wie passt das zu dem Orientbild mit den finsteren »Islamisten«, das wir im »Westen« so gern zeichnen?

Wir aufgeklärten Lebensoptimierer genießen die täglichen Schmeicheleien des Kapitalismus. Auf unserer individuellen Unzufriedenheit, auf dem Irrglauben, den anderen gehe es besser als uns, fußt das erfolgreichste aller Gesellschaftssysteme. Trotzdem beschleicht uns zuweilen ein ungutes Gefühl. Eigentlich mögen wir die Grundannahmen nicht, auf denen unser Luxus aufbaut. Wir sehen uns selbst ja gar nicht als rationale Egoisten, die danach trachten, andere zu übertrumpfen. Doch unsere Sinnsysteme – Religion, Parteien, Verbände – zerbröseln uns zwischen den Fingern. Was uns zur Orientierung dienen könnte, wird von »Comedians« zuverlässig lächerlich gemacht.

Was bleibt übrig? Wir sind keine Helden, keine Romantiker und keine Genies, sondern Mittelmaß, und unser Trost ist, dass es fast allen anderen ebenso ergeht. Trotzdem spüren wir, dass wir etwas verloren haben. Unsere Kinder und Jugendlichen fühlen es am deutlichsten; sie haben sich noch nicht daran gewöhnt, das Absurde für normal und das Naheliegende für absurd zu halten.

Eine Trübung unserer Illusion ist eingetreten, eben als wir die Spitzen unserer Gefühle gekappt und uns an unsere Kompromisse gewöhnt hatten. Täglich berichten unsere Medien von »Islamisten«, Menschen, die ganz anders sind als wir – böse nämlich, leidenschaftlich und fehlgeleitet (was sind gläubige Christen dann eigentlich, »Christisten«?). Fällt diese Panikmache darum auf fruchtbaren Boden, weil wir tatsächlich in höchster Gefahr sind? Nein, durch Alkohol, Arbeitsstress und Autounfälle sterben im »Westen« weit mehr Menschen als durch »islamistischen Terror«; dieser findet hauptsächlich in den muslimischen Ländern selbst statt. Neigen wir bei diesem Punkt so sehr zur Hysterie, weil wir überzeugte Christen sind? Mitnichten.

Der wahre Grund ist ein anderer: Wir rufen Zeter und Mordio, weil wir die Ernsthaftigkeit nicht mehr ertragen. Bei uns ist alles ein bisschen lustig geworden und nichts mehr wirklich wichtig. Parodien sind erfolgreicher als Originale. Es geht uns um Haltung, nicht um Inhalt. Wir wollen beweisen, was für aufgeklärte, lockere Zeitgenossen wir sind. Am Ende unserer Argumentationsketten stehen grundsätzlich wir selbst. Unsere Meinungen sind Wegweiser zu dem Bild, das wir von uns entwerfen. Aber echte Werte? Für die man einsteht, auch wenn einem dadurch Nachteile entstehen? Nun ja …

Und plötzlich erfahren wir, dass es Menschen gibt, die unser mühsam zurechtgezimmertes Weltbild nicht teilen. Sie sind jung und wir alt. Sie argumentieren emotional und wir logisch. Sie glauben hingebungsvoll an all das – Gott, Prinzipien, grundlegende Werte –, was wir uns gerade mühsam abtrainiert haben. Unsere Übersättigung wiederum strahlt auf sie aus: Wo »westlicher Lebensstil« Einzug hält, breiten sich Infrastrukturverbesserungen, Starbucksfilialen, Demokratie und Feminismus aus, ebenso Werteverfall, Ungleichheit, Diabetes und Singletum. Der eigentliche Grund für die Überreaktionen auf beiden Seiten ist die Angst vor Veränderung: Im Orient fürchtet man sich davor, tradierte Verhaltensweisen aufgeben zu müssen, im Okzident, sein Leben vielleicht doch wieder an Werten auszurichten. Der Islam, die »Hingabe«, zwingt uns zur Auseinandersetzung mit uns selbst, und was wir da im Spiegel sehen, gefällt einigen von uns gar nicht. Unser Rückzug ins Rationale und Effiziente, die Abschaffung der Extreme und der Hang zum kleinsten gemeinsamen Nenner hat uns erfolgreich gemacht; interessant dagegen nicht.

Denken wir wirklich »global«? Wohl kaum: Gerade unsere einseitige Fixierung auf die USA zeigt unseren ganzen Provinzialismus. Unsere europäischen Nachbarn sind uns einige Schritte voraus: In Großbritannien bringt anerkannte Reiseliteratur vielen Lesern andere Länder nahe, in Frankreich erobert maghrebinisch beeinflusste Musik die Hitparaden, in Spanien ist man über die Lage in Lateinamerika informiert.

Und bei uns in Deutschland? Im aktuellen US-amerikanischen Wahlkampf wurde jede Geste der siebtwichtigsten Republikanerin Michelle Bachmann ausgiebig kommentiert. Ungefähr zur selben Zeit wurde Pranab Mukherjee in Indien zum Staatspräsidenten gewählt. Wer? Eben. Das haben wir aus den Medien nicht erfahren. Und wie heißt der Oppositionsführer dort doch gleich? Indien ist mit über einer Milliarde Einwohnern die größte Demokratie der Erde, über fünfzigtausend Inder leben in Deutschland, trotzdem wissen nur wenige von uns, was in diesem Land passiert. Das Ergebnis der Vorwahlen in New Hampshire ist, damit verglichen, einfach unwichtig. Trotzdem wurde es »live« übertragen, während wir noch immer nicht wissen, wer eigentlich Südafrika regiert. Vielleicht sollten wir nur vielgereiste Politiker wählen, die monatelang in einer fremden Kultur gelebt haben. Den etablierten Schüleraustausch mit Frankreich und Großbritannien könnten wir auf exotischere Länder ausdehnen, zum Beispiel auf die Türkei. Und unter Umständen ist die Zeit eines Tages reif für Gedankenspiele wie dieses: Wir würden staunen, wie gerecht der weltweite Wohlstand verteilt wäre und wie ernsthaft wir uns auf einmal für fremde Kulturen interessierten, wenn jeder von uns alle zehn Jahre seines Lebens für ein halbes Jahr woanders leben müsste, ohne vorab zu wissen wo.

Doch wollen wir unsere Vorurteile wirklich loswerden, haben wir sie nicht längst liebgewonnen? Wollen wir nicht weiterhin meinen, mehr von der Welt zu wissen als ein Kenianer oder ein Inder, obwohl diese aller Wahrscheinlichkeit nach mindestens drei Sprachen sprechen und intensiveren Kontakt zu fremden Kulturen haben als wir?

Wir haben Angst vor dem, was wir nicht kennen. Auch daher rühren die Warnungen, die mir auf den Weg in die Türkei mitgegeben wurden. Heute, auf einem Schiff vor Alanya, ist ihnen endgültig die Basis entzogen worden. Ich habe meine Überzeugungen in Lebensgefahr gebracht, bin dafür reich belohnt worden und freue mich umso mehr auf die vor mir liegende zweite Hälfte meiner Türkeitour.

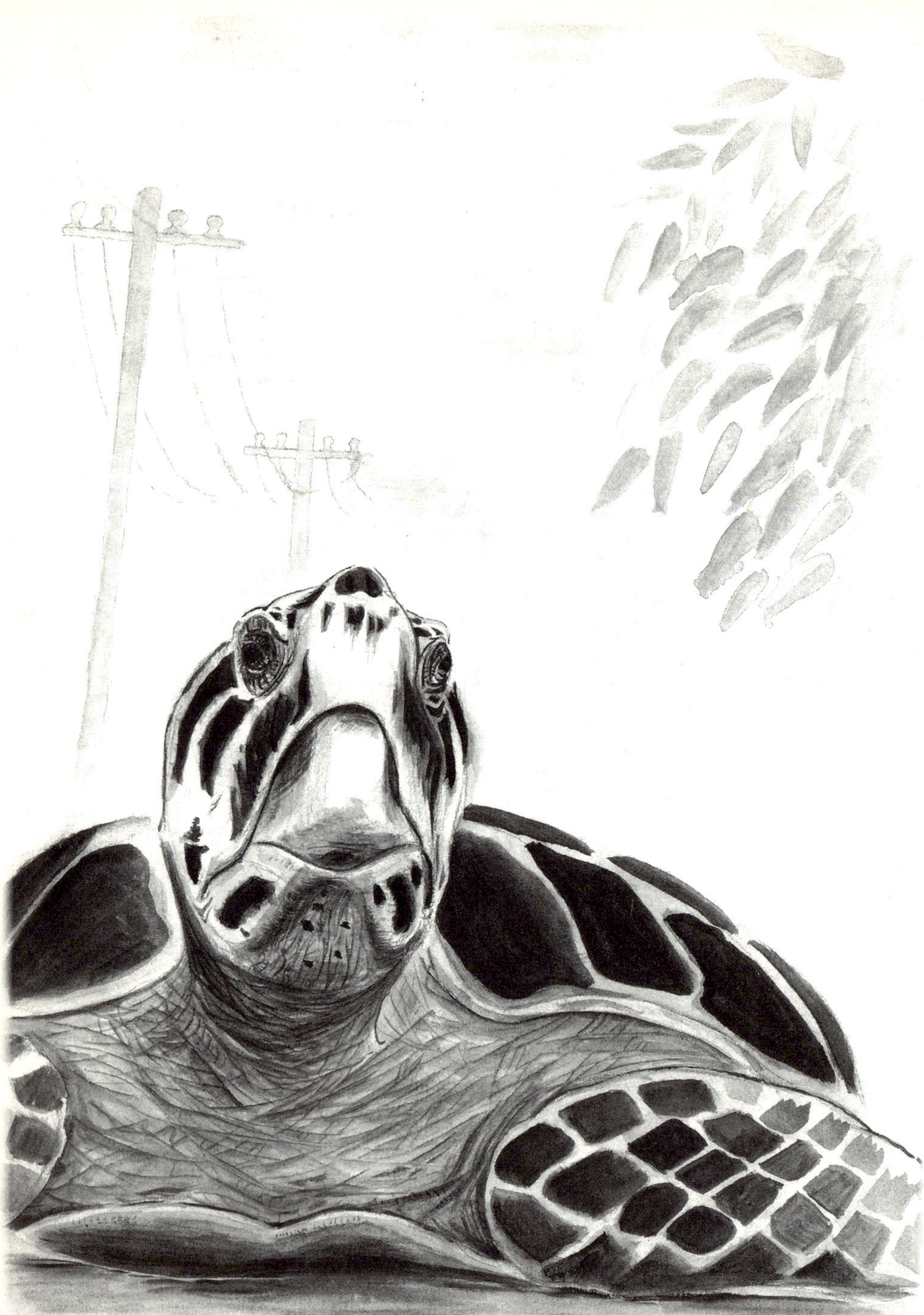

KAPITEL 4

Der Lebenskünstler von Ovacık und die Eroberung einer windumtosten Burg:

Mit grimmiger Lust durch Kilikien

Ich hätte es ahnen können. Mehr noch, ich hätte darauf vorbereitet sein müssen. Oft genug hatte mir die Türkei in den vergangenen Tagen aus dem Nichts ein unbekanntes Gesicht zugewandt. Ein Dutzend Mal hatte sie meine Erwartungen ausgelacht und mir vor Augen geführt, dass man bei ihr immer auf Überraschungen gefasst sein muss. Unmittelbar neben den Sandstrand von Ölüdeniz hat sie einen zweitausend Meter hohen Berg gesetzt, gegen den die Wolken prallten wie gegen eine Mauer. Direkt nach dem in der Sonne funkelnden Küstenstädtchen Kaş hatte sie mir Schneeräumer entgegengeschickt. Trotzdem bin ich einmal mehr verblüfft über die Radikalität, mit der die Türkei nur wenige Kilometer östlich von Alanya ein völlig neues Kapitel meiner Reise entwirft.

Die Wandlungen der Türkei

Eine langgezogene Strandpromenade führt mich aus der pulsierenden Urlaubsmetropole heraus. Endlich bin ich mal nicht der einzige Verrückte! Ich überhole joggende Bodybuilder, grüße Hightech-Rennradfahrerinnen und winke schwitzenden Hawaiihemdträgern zu, die versuchen, Segways unter Kontrolle zu bringen. Alle drehen spätestens am Ortsausgang von Alanya um. Ich hingegen fahre, nachdem ich gerade noch rechtzeitig vor einem beißwütigen Hund, der die Reifen vorbeifahrender Autos attackierte, auf die andere Straßenseite wechseln konnte, weiter, über Alanya hinaus nach Kestel und Kargıcak und immer weiter, bis ich nach vierzig Kilometern das Provinzstädtchen Gazipaşa erreiche.

Im Hollywood-Mehrteiler »Pirates of the Carribean« antwortet Johnny Depp als Piratenkapitän Jack Sparrow ebenso schlagfertig wie zeitgemäß auf die Feststellung, man habe ja nur Schlechtes von ihm gehört: »Aber gehört haben Sie von mir.« Ähnlich ergeht es Gazipaşa. Die überschaubare Kreisstadt ist zum Symbol architektonischer Fehlplanung geworden. 1999 wurde hier mit dem Bau eines internationalen Flughafens begonnen. Nach dessen Fertigstellung zehn Jahre später stellte man fest, dass die Landebahn, auf der eigentlich eine halbe Million Passagiere jährlich hätten ankommen sollen, für internationale Flüge zu kurz geraten war. So leben die Stadtbewohner weiterhin vor allem vom Obst- und Gemüseanbau (darunter die endemische und angesichts der Flughafenmisere beinahe schon emblematische »Eselsbanane«), und die meisten Besucher Gazipaşas kommen nach wie vor am Busbahnhof an.

Auch mich verschlägt es dorthin, da das oberste Stockwerk des Gebäudes mit einem Schild ausgestattet ist, das mit den Worten »Kahve«, »Kebab« und »Köfte« verziert wurde, jenem kulinarischen Dreiklang, der meinen Magen dazu bringt, das Kommando zu übernehmen. Ich stelle Garfield zwischen einem schmucken Motorrad und einem verrosteten Fahrrad ab und zögere: Soll ich meinen Reisekumpan mit Fahrradschlössern an den bereitstehenden Pfosten ketten? Soll ich die schweren Reisetaschen ins Restaurant mitnehmen? Von dort werde ich Garfield nicht im Blick haben. Um die Lage einzuschätzen, schaue ich mich um und entdecke das lachfaltenreiche Gesicht eines Alten, der mich aus einer kioskähnlichen Bruchbude heraus anstrahlt. Er winkt mir zu, und ich begebe mich in sein vier Quadratmeter kleines Revier. Durch die quadratische Fensterlücke hindurch streckt er mir seine Rechte entgegen. Sie ist voller Altersflecken, doch der Händedruck ist kräftig und lang. Bedächtig nimmt der Alte die Pfeife aus dem Mund, zeigt auf Garfield und bricht in lautes Lachen aus. Es ist kein Lachen, das mich kleiner machen soll als ihn, sondern ein offenes, ansteckendes Lachen, in das ich einstimme, ohne zu wissen, was genau er an Garfield so lustig findet. Mithilfe türkischer, englischer und deutscher Satzfetzen erklärt er es mir. Stolz greift er nach einem Klappergestell von Fahrrad, mit dem er die Bude teilt. Dies sei sein ein und alles, bedeutet er mir, längst sei das Gefährt zum Gefährten geworden. Er nenne es »Johnny«, weil es wie Johnny Cash im Film »Walk the Line« viel durchmachen musste und sich trotzdem nicht unterkriegen lässt. Selbst wenn er seine Familie in Antalya besuche, setze er sich auf den Drahtesel, statt sich einem Busfahrer anzuvertrauen.

Gern habe er ein Auge auf Garfield, versichert er mir. Daraufhin lasse ich das Liegerad unabgeschlossen und mitsamt aller Reisetaschen auf dem Parkplatz des Busbahnhofs stehen und mache mich daran, die Qualität des türkischen Küchendreiklangs zu testen. Wie erwartet lächelt mir der Kioskbesitzer nach meiner Rückkehr gütig zu und meldet keine besonderen Vorkommnisse. Einmal nur hätte er einschreiten müssen, als eine Gruppe Jugendlicher allzu forsch am Lenker geruckelt hätte. Aus Dank für seinen Dienst fülle ich meinen Proviant mit Wasser, Brot und Keksen aus seinem Kiosk auf. Ich tue gut daran, mich in Gazipaşa ausgiebig zu stärken: Direkt hinter der Provinzstadt beginnt das raue Kilikien.

Kein einziger Verkehrsteilnehmer begleitet mich, als ich Gazipaşa während der mittäglichen Gluthitze verlasse. Die Stille der Nationalstraße ist so ungewohnt, dass ich mich mehrmals prüfend umdrehe. In den vergangenen Tagen bin ich grundsätzlich inmitten einer Wolke aus Autos, Mopeds und Lastwagen vorwärtsgezogen. Hier aber ist für das Gros der Fahrer endgültig Schluss. Lediglich alle fünf bis zehn Minuten rattert ein Traktor schwerfällig herbei und dreht alsbald in eines der

Felder ab, die die Straße beidseitig flankieren. Dreimal brausen Jugendliche auf Mopeds heran; ihre Fahrer hupen frenetisch, richten ihre Mobiltelefone auf mich und rufen »Facebook, Facebook«. Nicht wenige versprechen mir, das Foto des komischen Kauzes auf seinem dreirädrigen UFO noch am selben Tag zu veröffentlichen. Wahrscheinlich bin ich im türkischsprachigen Internet bereits eine kleine Berühmtheit.

Genüsslich, wie in Zeitlupe, treten die Berge des Taurus mit jedem zurückgelegten Kilometer etwas näher an die Straße heran, als wollten sie nachsehen, wo ich in den vergangenen Tagen geblieben bin. Das große Kilometerfressen liegt hinter mir. Das wird mir spätestens klar, als die Straße probeweise über erste Anhöhen hinwegführt. Bald darauf warnen Verkehrsschilder vor Steigungen. Beinahe habe ich sie vermisst! In der Ebene herumzujagen ist motivierend; fordernder und variantenreicher ist aber allemal das Auf und Ab im Gebirge.

Die Straße schnurrt zunächst auf vier, dann auf zwei und schließlich auf eine Spur zusammen, als müsse auch sie ihre Energie bündeln, um das zu meistern, was jetzt in mein Blickfeld gerät. Felswände wachsen links und rechts in den Himmel. Sie werfen Schatten, die mir wie Greifarme erscheinen, auf die Straße: So schnell lassen wir dich nicht wieder gehen! Höher und höher führt der Weg. Pinien verströmen verführerische Düfte. Von Zeit zu Zeit treibt jemand eine Ziegenherde quer über die Straße. Das Mobilfunknetz bricht vollständig zusammen. Immer wieder fällt mein Blick die Abhänge hinab und bleibt am Meer kleben, das weit, weit unten in unendlichem Farbreichtum glitzert und schillert.

Vor kaum fünf Stunden war ich noch in einem Schwall Autos die Flanke des Ozeans entlanggeglitten. Jetzt hingegen schraube ich mich empor, um in Kleinstdörfer zu gelangen, die auf keiner Karte verzeichnet sind. Am späten Nachmittag bleibe ich in einem jener Dörfer hängen. Auf den ersten Blick unterscheidet es sich kaum von jenen zuvor, auch wenn die Stimmung an den Tischen im Dorfzentrum, um die herum wie immer Männer aller Altersgruppen versammelt sind, noch etwas ausgelassener, lockerer und offener ist. Man bietet mir Tee, Orangen und Aprikosen an.

»In unserem Land gibt es übrigens richtig gute Busse«, lässt der Dorfälteste mit schelmischem Blick auf Garfield verlauten.

»Bestimmt, aber die hätten hier nicht angehalten, und ich hätte euren Tee nicht kosten können«, gebe ich zu bedenken.

»Da hast du recht«, pflichtet man mir bei, »die Ungetüme fahren immer nur zwischen Antalya und Anamur hin und her. Für die existieren wir praktisch gar nicht. Dabei gibt es bei uns sogar eine Art Pension, auch wenn deren Besitzer das zuweilen vergessen, weil so selten Gäste kommen.«

»Wo finde ich die?«

»Och, das ist ganz einfach. Du fährst diese Anhöhe hier hinauf, biegst auf der Kuppe links in eine steil ansteigende Schotterpiste ab und folgst deren Verlauf, bis du am Ende des Weges ein einzelnes Haus siehst. Deren Eigentümer vermieten zuweilen das Kinderzimmer an Gäste.«

»Hm, klingt ein bisschen, als versuchte ich, den Ararat zu erklimmen.«

»Ja, du wirst ordentlich ins Schwitzen kommen! In unserem Dorf führen alle Wege entweder steil bergauf oder bergab.«

»Alles klar. Nein, eine Frage noch: Wo befinde ich mich hier eigentlich?«

»Das ist die Türkei, mein Freund, eine über achthunderttausend Quadratkilometer große Landmasse, eingeklemmt zwischen dem Schwarzen und dem Mittelmeer ...«

»Und jetzt im Ernst, bitte.«

»... deren eigentliches Herz genau hier schlägt: Willkommen in Zeytinada!«

Ein ganz besonderes Geschenk

»Eine Art Pension, auch wenn deren Besitzer das zuweilen vergessen«: Das ist doch mal eine Perspektive, denke ich, als ich der Wegbeschreibung folge, die Schotterpiste hinaufschnaufe und schließlich zu dem angekündigten Häuschen gelange. Ein Ehepaar im Rentenalter steht davor. Als ich absteige und auf sie zugehe, hält sich die Frau erschrocken eine Hand vor den Mund, während ihr Mann sich grüblerisch mit den Fingern an der rechten Schläfe kratzt. Dass diese Woche ein Gast zu ihnen kommt, hätten sie mitnichten erwartet. Hier gefällt es mir.

Bis spät in den Abend hinein holen die beiden alles, was sie finden können, aus der provisorisch anmutenden Küche des Hauses heraus und bieten es mir an. Brot und Oliven, Nüsse und Rosinen, Äpfel, Mandarinen wechseln flugs den Besitzer. Es kommt nicht in Frage, dass ich dafür etwas bezahle. Wenn schon mal jemand da ist, könne man schließlich zeigen, was man habe. Unter Zuhilfenahme meines Wörterbuchs radebrechen wir, bis der Mond hell vom Himmel strahlt. Anschließend schlafe ich im Kinderzimmer meiner Gastgeber, tief und traumlos.

Am folgenden Morgen druckst der Herbergsvater nach einem üppigen Frühstück herum und wechselt nervös von einem Bein auf das andere, als ich ihn nach dem Preis für die Übernachtung frage. Nun ja, robbt er sich an den Kern seiner Aussage heran, seine Tochter studiere in Ankara, nun ja, und angesichts der steigenden Lebenshaltungskosten müsse er leider, nun ja, zehn Lira von mir verlangen. Ich verschlucke mich an meinem Kaffee, dann strahle ich den Herbergsvater an. Der Betrag entspricht etwa vier Euro und zwanzig Cent. Dafür bekomme ich in Zeytinada also eine Übernachtung mit Halbpension, Meerblick inklusive.

Kurz darauf bringt mein Reiseführer auf den Punkt, was mich am heutigen Vormittag erwartet: »Die Straße windet sich in Schwindel erregenden Serpentinen, die keine Karte dokumentieren kann, auf und ab und bietet wunderbare Aussichten.« Folgerichtig ist der Straßenverlauf auch wirklich nicht auf meiner Karte verzeichnet. Dort finde ich als Symbol für die Wegstrecke einen schwarzen Strich vor, der zwar ab und an ins Wackeln gerät, ansonsten aber weitgehend geradlinig Anamur, meinem Etappenziel, zustrebt.

Nichts könnte irreführender sein! Spiralförmig schmiegt sich die Straße an die Berge. Sie erklimmt Höhengrate, als wolle sie sich einen Überblick verschaffen, ehe sie abwärts stürzt, dem Ozean entgegen, den sie stets um Haaresbreite verfehlt, nur um erneut Anlauf zu nehmen und ins Hinterland zu klettern. Es ist ein Katz-und-Maus-Spiel mit dem Meer, ein Hasch-mich-doch, das mich gehörig ins Schwitzen bringt. Mehrmals steige ich ab und ziehe Garfield, der endgültig alle Dreie von sich streckt, die Hänge hinauf. Auf den Abfahrten weigere ich mich, auch nur die geringste überflüssige Bewegung zu machen; weiß ich doch allzu gut, dass ich kurz darauf erneut an einer Bergflanke kleben werde, als bestünde diese aus Honig. Mit Nachdruck zitiere ich den Hit »Uprising« der britischen Rockcombo Muse: »They will not force us, they will stop degrading us, they will not control us, and we will be victorious!« Der eingängige Refrain, der Mut angesichts eines bevorstehenden Sieges machen soll, lässt sich gut auf die umstehenden Berge ummünzen: »Sie werden uns zu nichts zwingen, sie werden aufhören uns herabzustufen, sie werden uns nicht kontrollieren, und wir werden siegen!« Im Original wird die Botschaft von einem stampfenden Beat vorwärtsgeschoben, unaufhaltsam wie eine Revolution. In meinem Fall ist es das ähnlich eingängige Rattern und Quietschen, das sich Garfield in den vergangenen Tagen angewöhnt hat.

Lediglich in den raren Momenten, in denen mir ein Auto entgegenkommt oder mich überholt, lasse ich das Singen sein. Dann lächele ich tapfer, nehme ergeben das obligatorische Gehupe hin und winke entspannt, als käme ich gerade frisch aus der Sauna. Fast alle, denen ich unterwegs begegne, halten an, viele schenken mir Wasser, Obst und Kekse. Die Gastfreundschaft der Türken bildet ein Auffangnetz, in das ich mich, sollte ich in eine missliche Lage geraten, fallen lassen könnte. Ich weiß, dass ich beispielsweise nach einem Achsenbruch jedes beliebige Auto anhalten könnte. Der Fahrer würde mich bereitwillig in die nächste Stadt fahren, zu einem Hotel, oder mich gleich bei sich beherbergen. Dass ich jederzeit auf die türkische Gastfreundschaft zählen kann, vermittelt mir ein Gefühl von Sicherheit.

Zehn Kilometer vor Anamur überholt mich ein Kleinbus, sofort darauf hält er am Straßenrand an. Ein drahtiger Mann springt heraus und bittet mich gestenreich, anzuhalten. Ich stelle Garfield vor dem Bus ab und schäle mich aus dem Sitz. Der Mann stürzt grinsend auf mich zu und streckt mir seine vom Arbeiten raue Rechte entgegen. Er heiße Mustafa und habe ein Geschenk für mich, behauptet er in passablem Deutsch. Vom Beifahrersitz kramt er einen Schokoriegel, einen Granatapfel und drei Bananen hervor. »Das wird dir Energie geben«, verspricht er. »Ich habe dich schon vorgestern gesehen. Da bin ich von meiner Heimatstadt Mersin aus nach Antalya gefahren, um dort das Opferfest mit meiner Familie zu feiern. Ich habe dir gewunken, und du hast so freundlich *Merhaba* gerufen, dass ich in Antalya kurzerhand für dich einkaufen ging. Ahnte ich doch, dass ich dir auf der Rückfahrt erneut begegnen würde.«

Gerührt trage ich seine Freude daran, mir einen Gefallen getan zu haben, bei mir – selbst dann noch, als ich eine knappe Stunde später nach Anamur gelange.

Eroberung einer windumtosten Burg

Ich hätte mir keinen besseren Ort für einen Pausentag aussuchen können als den südlichsten Punkt der türkischen Mittelmeerküste. Anamur ist zwar – insbesondere im Hochsommer – touristisch geprägt. Die Erholungssuchenden kommen jedoch in der Regel aus Konya statt aus Köln, aus Mersin statt aus Moskau. Dem Küstenstädtchen fehlt daher das Schrille, Lärmende und Effekthascherische, die seine Nachbarn Antalya und Kemer auszeichnen. Viele mögen das langweilig finden; für einen müden Liegeradfahrer aber, der über eintausend Kilometer Wegstrecke in den Beinen hat, ist es genau das Richtige.

Außerdem ist heute »Tag der Republik«, einer der wichtigsten Feiertage des Landes. Türkische Flaggen schmücken das Fernsehprogramm, Politiker der Regierung und der Opposition halten pathosdurchtränkte Reden zur Lage der Nation, ganz Anamur scheint entspannt in der Mittagssonne zu dösen. Interessanterweise suchen sich seine Bewohner für die Siesta nicht etwa den fünfzehn Kilometer langen Sandstrand aus, der direkt hinter der Stadt beginnt. Während man uns Deutsche zuverlässig daran erkennt, dass wir beim ersten Sonnenstrahl aus dem Haus springen, weil wir nie wissen, wie lange das gute Wetter andauert, halten sich die türkischen Küstenbewohner in den heißen Stunden des Tages am liebsten in klimatisierten Räumen auf.

Daher begegne ich keiner Menschenseele, als ich den Sandstrand entlangwandere, um zu *Mamure Kalesi* zu gelangen. Im dritten Jahrhundert nach Christus erbauten die Römer an jener Stelle eine Bilderbuchfestung, die im Laufe der Jahrhunderte mehrmals aus- und neu aufgebaut wurde. Heute ist die Burganlage über zweihundert Meter lang und beinahe ebenso breit. Eine halbe Stunde lang gehe ich auf sie zu und kann ihr dabei förmlich beim Größerwerden zusehen. Zwei Wachhunde fläzen sich im Schatten des Gebäudes. Auch sie halten die in der Südtürkei geltende Mittagspause ein und heben kaum den Kopf, als ich an ihnen vorbeikomme.

Man kann *Mamure Kalesi* über das Haupttor an der Ostseite betreten, dort ein Ticket erwerben und an einer Führung teilnehmen. Es gibt aber noch eine zweite, ungleich reizvollere Möglichkeit, die Festung zu erforschen. Langsam ziehe ich mich, vom Strand kommend, die Außenmauer des Gebäudes empor, nach einem guten Drittel steige ich durch eine Schießscharte in die Burg ein.

Tatsächlich ist die Anlage noch gewaltiger, als sie von außen erscheint. Sechsunddreißig Türme auf einer zweistöckigen Mauer bewachen drei Burghöfe, in denen ich mehrere Wohnräume, eine Moschee und die Überreste von Stallungen ausmache. Übermütig tolle ich auf den Ruinen der Außenmauer herum, erklimme immer neue Aussichtspunkte und verlasse die Festung schließlich durch ein Burgfenster zum Meer hin.

Für den Rückweg nach Anamur benötige ich einen halben Tag. Das liegt weniger daran, dass die Gegend ihrem Namen – Anamur bedeutet soviel wie »windumtoste Nase« – alle Ehre macht; der Wind spielt höchstens mit einzelnen Dünen, denen er zeitweise Kapuzen aus feinsten Sandpartikeln aufsetzt. Immer wieder aber lege ich unterwegs an besonders schönen Strandabschnitten Pausen ein. Außerdem unternehme ich regelmäßig Ausflüge ins Meer und ins Hinterland, das bis heute von jahrhundertealten Kanälen durchzogen ist, die Wasser vom zehn Kilometer entfernten Dragon-Fluss nach Anamur bringen. Auf diese Weise versuche ich, die typische Radfahrerbräune loszuwerden: vom Gesicht bis zum Hals und vom Schulteransatz bis zu den Händen braun, ansonsten weiß.

Anamur hat eine erstaunliche Entwicklung hinter sich. Von der Militärstation, die man hier, am südlichsten Punkt der türkischen Mittelmeerküste, baute, um die Schifffahrt zu kontrollieren, wurde es zum

Namensgeber einer deutschen Hilfsorganisation. 1982 gründeten Christel und Rupert Neudeck »Cap Anamur«, heute sind deren Mitglieder in Dutzenden von Ländern aktiv.

Am Ende des heutigen Tages gebe ich im lokalen Internetcafé mein E-Mail-Passwort dreimal hintereinander falsch ein: ein gutes Zeichen dafür, dass ich mich wirklich erhole.

Der Lebenskünstler der Ovacık-Bucht

Ein Schwarm Hotelangestellter drängt sich um Garfield und mich, als wir am nächsten Morgen aufbrechen wollen. Sie scheinen einander darüber informiert zu haben, dass ein hellhäutiger Sonderling mit einer Art liegendem Rollstuhl bei ihnen abgestiegen ist. Der Wirt begutachtet die Fahrradkette. Der Rezeptionist stellt Vermutungen zu Reifendruck und Lichtstärke in den Raum. Ein uniformierter Hotelboy knipst Fotos von dem seltsamen Gast aus *Almanya*. Er bittet mich, doch bitte etwas freundlicher in die Kamera zu blicken. Man gibt mir so viele Mandarinen und Granatäpfel auf den Weg, dass die Fahrradtaschen zu bersten drohen. Dann erst darf ich aufbrechen.

Jubelnd folgt mir die Menschenmenge durch Anamurs Gassen, ehe mich die Landstraße aufnimmt. In weitem Bogen führt sie mich durchs Hinterland, findet dann zurück zur Küste und lenkt mich anschließend direkt an *Mamure Kalesi* vorbei. Schroff erhebt sich die Burg, auf der ich gestern herumturnte, direkt neben der Straße. Gut siebzig Kilometer hinter ihr liegt Zypern, eine staubige Ahnung weit draußen im Meer.

Mir bleibt wenig Zeit, die Vorzüge der Küste zu genießen. Unmittelbar nach Anamurs Vorzeigeburg klettert die Landstraße erste Gebirgsausläufer empor. Achtmal schlägt sie Haken dieser Art ins bergige Hinterland. Die ersten drei nehme ich vergleichsweise gelassen hin, auch wenn der Schweiß bereits künstlerisch wertvolle Muster auf meiner Hose entwirft und mir das T-Shirt wie eine zweite Haut am Leib klebt. Beim vierten und fünften beginne ich zu röcheln wie eine überzüchtete Bulldogge. Bei der achten Kletterpartie stelle ich infrage, ob ich mein angedachtes Etappenziel heute noch erreichen werde. Das Städtchen Aydıncık liegt bereits hinter mir – und damit auch die einzige Übernachtungsgelegenheit auf dreißig Kilometern.

Theatralisch leitet die Sonne ihren Abschied ein. Ich trete hektisch in die Pedale, um noch im letzten Tageslicht zur Ovacık-Bucht zu gelangen. Dort würde ich, so hat man mir unterwegs versichert, zwei Hotels und eine Pension vorfinden, die vermutlich auch jetzt, nach dem Opferfest, noch geöffnet hätten. Immer wieder muss ich jedoch Pausen einlegen, da mich die Fahrer entgegenkommender Autos nachdrücklich zum Erzählen auffordern. Zeitweilig komme ich mir vor wie der Papst, der sich in seinem Garfieldmobil huldigen lässt. Das Tohuwabohu wäre vermutlich kaum größer, wenn mir grellgrüne Fühler aus dem Kopf wüchsen und ich in einem UFO knapp oberhalb der Straße entlangglitte.

Trotz dieser Unterbrechungen erreiche ich die Ovacık-Bucht gemeinsam mit dem letzten Sonnenstrahl. Die erwähnte Pension und das erste der beiden Hotels haben geschlossen, doch im letzten Gebäude des Dörfchens, direkt am Rand des Ozeans, erkenne ich einen schwachen Lichtschein. Begleitet vom Geheul zweier Dobermänner begebe ich mich dorthin. Ich halte mich nicht lange mit der Frage nach dem Zimmerpreis auf, sondern quartiere mich sogleich für eine Nacht ein.

Erst beim Frühstück merke ich, in was für ein reizendes Fleckchen Erde ich geraten bin: Ovacık ist eine versteckt gelegene Bucht, auf das Schönste begrenzt von zwei Landzungen, die sich rechts und links ins Meer schieben, als hielten sie Ausschau nach Besuchern. Vier Segelschiffe, bestimmt der Stolz des Dörfchens, dümpeln in der Morgendämmerung träge vor sich hin. Leider wird die Idylle, die ich hier vorfinde, wohl nicht von Dauer sein. Eine Bucht weiter hat man eine Siedlung für fünftausend Russen errichtet. Es sind Ingenieure und Techniker; bald werden sie in einem Atomkraftwerk arbeiten, mit dessen Bau man demnächst beginnen wird.

Mustafa, der Hotelbesitzer, nimmt diese Aussicht gelassen hin. Ob es gefährlich sei, die Atomkraft zu nutzen, wisse er nicht, sagt er und stellt eine Frühstücksplatte vor mir auf den Tisch. Was er allerdings mit Sicherheit sagen könne, betont er, das sei, dass die Russinnen, die er im Gefolge der Arbeiter vermutet, allesamt überdurchschnittlich hübsch seien. Er habe sich mit Freunden und Gästen hierüber ausgetauscht und einschlägige Filme gesehen, die keinen anderen Schluss zuließen. Bei diesen Worten lächelt mir Mustafa mit einer Unschuldsmiene zu, dass ich laut lachen muss. So charmant relativiert selten jemand, noch während er sie spricht, die eigenen Worte.

Zweieinhalb Jahre lang hat Mustafa in den Vereinigten Staaten Autos konzipiert. Er hat peppige Designs entwickelt, in Detroit und dann in Boston gelebt, später auch in Hamburg, wo er ein größeres Logistikunternehmen aufbaute. Warum ist er in die Türkei zurückgekehrt? Was hält ihn in der Ovacık-Bucht, fernab aller Handels- und Touristenrouten? Ist ihm Unrecht widerfahren, hat er seine Firma in den Konkurs geführt? Nichts dergleichen, versichert er mir. Mit genießerisch geschlossenen Augen lehnt er sich in seinem Stuhl zurück. Er streicht sich mit der rechten Hand erst über das breite, gütig wirkende Gesicht, dann über seinen stattlichen Bauch. Er hat Zeit. Niemand zwingt ihn zu einer raschen Antwort. Als er sie gefunden hat, ist sie reichlich ungewöhnlich.

»Riech mal!«, fordert er mich auf.

Ich schnuppere.

»Und?«

»Na ja, es riecht ganz gut.«

»Ganz gut? Mein lieber Freund, das ist der Duft von Pinien, vermengt mit dem Salz des Meeres, eine unschlagbare Mischung! Der Überlieferung zufolge dankte Mohammed Allah für drei Dinge: für den Koran, die Frauen und die Düfte. Ich sehe das ganz ähnlich, möchte aber in aller Bescheidenheit noch die Bucht von Ovacık hinzufügen. Ich meine, schau sie dir doch an!«

Der Mann hat recht. Die Sonne bedeckt die Terrasse mit goldenen Rändern, direkt hinter dem zehn Meter breiten Sandstrand murmelt der Ozean seine ewigen Beschwörungsformeln. Auf den Landausläufern zur Rechten und zur Linken mache ich Wäldchen und kleine Pfade aus. Wie viele Menschen können von sich sagen, an einem solchen Ort zu leben?

In den Augen der meisten dürfte Mustafa ein Gestrauchelter sein; einer, der sein Glück im Ausland gesucht hat und anschließend zurück in die Heimat gekrochen kam. Vielleicht aber hat Mustafa einfach alles verstanden. Er hat die Stärke aufgebracht, im entscheidenden Augenblick die Prioritäten neu zu setzen, gegen die Mehrheitsmeinung und alle Parolen des »Weiter-Schneller-Höher«, mit denen man uns tagtäglich beschießt. Ist es nicht besser, den Spatz in der Hand zu halten, ein überschaubares Glück in einer versteckten Mittelmeerbucht, als die Taube auf dem Dach zu suchen, den vom »American Dream« inspirierten Reichtum? Mit seiner Auslandserfahrung hätte Mustafa ohne Mühe in Ankara oder in İstanbul Karriere machen können. Vielleicht hätte er dort eine mittelständische Firma geleitet oder wäre in der Forschungsabteilung eines Unternehmens untergekommen. Was tut er stattdessen? »Riech mal!«: Er saugt die Frische des Meeres ein und knabbert an einer Olive. Wenn er Glück hat, beißt mal ein Fisch an, nach dem er die Angel ausgeworfen hat. Oder es kommt ein Gast wie ich vorbei, der auf dem Weg von Anamur nach Adana hier gestrandet ist.

Ist das mangelnder Ehrgeiz, übertriebene Bequemlichkeit? Oder hat Mustafa am Ende gerade dank seiner wohlgesetzten Bescheidenheit mehr vom Leben als jene, die um ihn herum planen, investieren, ihre Zukunft vorbereiten, Häuser bauen und sich immer schneller im Hamsterrad künstlich angefachter Bedürfnisse drehen?

Länger als gewohnt dauert mein Abschied vom Lebenskünstler der Ovacık-Bucht. Tatsächlich geht das Frühstück nahtlos in ein Mittagessen über, eine perfekt zubereitete Goldbrasse mit Koriander, die Mustafa mir spendiert, und es bedarf der Beteuerung meiner baldigen Rückkehr, ehe er mich ziehen lässt. Damit reiht er sich ein in die Riege lebenslustiger Küstenbewohner, die ich auf meinen Reisen kennengelernt habe. Es ist ein länderübergreifendes Phänomen, dass man als Gast in der Regel leichter Kontakt zu den Menschen im Flachland bekommt als zu jenen in den Bergen. Die Menschen in der Ebene sind zumeist extravertierter, bleiben abends länger wach und lassen eher mal Fünfe gerade sein, wohingegen viele Bergbewohner verschrobener sind, störrischer auch, und bereits früh morgens auf den Beinen. Warum ist das international so? Wie wirkt die Umgebung auf ihre Bewohner, wie prägt sie deren Verhalten? Übt sie ihren Einfluss so grundlegend und subtil aus, dass ihn die meisten gar nicht bemerken? Bei näherer Betrachtung kann es kaum anders sein. Ein Berg betont Unterschiede. Unter Umständen sprechen die Leute vom Nachbartal bereits einen anderen Dialekt als man selbst. Tendenziell ist es schwer, von einem Ort zum anderen zu gelangen. Gäste müssen Mühen auf sich nehmen, um zu Besuch zu kommen. Da Berge den Blick begrenzen, sind die Identifikationseinheiten klein. Das eigene Tal genügt meist, zuweilen auch nur ein Dorf, vielleicht gar ein Bauernhof, eine Familie. Ganz anders an der Küste. Der Nachbarort dort grenzt an denselben Ozean, der dahinter auch, und der im Nachbarland ebenfalls. Das Meer ist ein verbindendes Element. In kurzer Zeit legt man weite Entfernungen zurück, meistens befindet sich eine größere Stadt in der Nähe. Gäste gelangen praktisch automatisch hierher, indem sie den Handels- und Touristenrouten folgen. Man ist daher an Besucher gewöhnt und merkt rasch, dass diese nicht viel anders ticken als man selbst. Allerdings ist das Angebot an Gästen, und damit an Ablenkung und Zerstreuung, groß. Darum bedeutet ein Kontakt an der Küste unter Umständen weniger als in den Bergen.

Mustafa entspricht dieser Beobachtung geradezu idealtypisch. Obwohl er nur einen kleinen Ausschnitt des Meeres vor Augen hat, weist er alle Indizien eines hedonistischen Küstenbewohners auf. Vom Wesen her ähnelt er weniger einem lykischen oder kilikischen Landsmann aus dem Taurus als einem südfranzösischen Hotelier, einem katalanischen Grundbesitzer oder einem donauschwäbischen Campingplatzbetreiber. Gut gelaunt betont er immer wieder, wie sehr er sich darauf freue, dass ich bald mal wieder bei ihm vorbeikäme – vor allem, wenn ich beim nächsten Mal die Goldbrasse auch bezahlte.

Erst als ich Garfield startklar mache und auf den heutigen Tag einschwöre, wird Mustafa unvermittelt ernst. Er zeigt auf die uns umgebenden Hügel. Einige Anstiege lägen auch heute vor mir, meint er, doch ich bezwänge diese schon, immerhin sei ich wohlbehalten bis hierher gelangt.

Als ich bereits die ersten Pedalumdrehungen hinter mir habe und die beiden Dobermänner erneut die Köpfe aufrichten, ruft mir Mustafa eine Anfeuerung hinterher, die mich auf der gesamten restlichen Reise begleiten sollte. Immer wieder würde sie mich in schwierigen Momenten aufrichten und mir die Kraft geben, alle vor mir liegenden Anhänge zu meistern. »May Allah provide you with wings!«, höre ich Mustafas schallenden Tenor hinter mir, als ich Ovacık verlasse, und kurz darauf in holprigem Deutsch: »Möge Gott dir Flügel verleihen!«.

Die Riesen von Kilikien

Mein Aufenthalt in der Ovacık-Bucht kam einer Verjüngungskur gleich. Schwungvoll nehme ich die Anhöhen in Angriff. Mustafas erfrischende Aufmunterung reist mit mir.

Kurz hinter dem Dörfchen Akdere versuchen die Berge ein letztes Mal, nach mir zu greifen. Sie heben Garfield und mich empor, ehe sie quer vor uns eine Anhöhe aufbauen. Von der Straße aus betrachtet sieht es aus, als balle der Taurus seine Hand zur Faust, um mich für immer darin gefangen zu nehmen.

Pech für ihn! Die Straße kippt ins Bodenlose, und ich stoße wie ein Falke auf das Örtchen Boğsak herab. Kurz darauf geben die Riesen Kilikiens ihr Ansinnen auf. Missmutig treten sie einer nach dem anderen von der Straße zurück und lassen mich meiner Wege ziehen. Von hier an kann Garfield das tun, woraufhin ihn seine Erbauer optimiert haben: mit gleichmäßig zwanzig bis dreißig Stundenkilometern über eine weitgehend ebene Landstraße rasen.

Leider büßt dafür die Landschaft zunächst ihren Reiz ein. Kilometerweit zieht sich eine von Stacheldraht gekrönte Betonwand die Nationalstraße entlang. Schilder in vier Sprachen belehren mich, dass es eine dumme Idee wäre, über diese Mauer klettern zu wollen oder auch nur ein Foto von der Anlage zu knipsen. Der dahinter liegende Militärhafen von Boğsak ist eine der wichtigsten NATO-Einrichtungen in der Türkei.

Am Ende der Mauer, nur wenige Schritte vom stacheldrahtbewehrten Betonklotz entfernt, ziehen sich die Tische eines Restaurants den Sandstrand entlang. Sofort bringe ich Garfield zum Stehen. Mir gefällt der unmittelbare Wechsel vom abstoßenden Militärgelände zum einladenden Restaurantbetrieb. Ich stelle mir vor, wie die Soldaten, nachdem sie über Stunden hinweg angebrüllt wurden, das Gelände verlassen, kurzzeitig menschlich werden, Vorlieben äußern und den Blick aufs Meer genießen, ehe sie erneut zu Kriegsinventar werden, Schachfiguren auf dem Schlachtfeld der Strategien, die nicht die ihren sind.

Das Zusammenspiel von Gefahr und Genuss, Profanem und Vergnüglichem setzt sich fort, als ich mich zum Mittagessen niederlasse. Eng schmiegt sich die Nationalstraße an dieser Stelle ans Mittelmeer. Der Strandabschnitt bietet daher lediglich Platz für eine Tischreihe. Um mir das bestellte Lammkebab zu bringen, muss der Kellner über zwei Straßenspuren hinweg zum Grill gehen, um anschließend mit dem Gewünschten in der Hand das gleiche Manöver in umgekehrter Richtung zu absolvieren. Sein fünfjähriger Sohn und zwei räudige Hunde huschen dabei um seine Beine herum. Nähert sich ein Auto, lässt seine Frau, die am Grill steht, einen schrillen Warnruf hören, wie ich ihn aus Dokumentarfilmen von Murmeltieren in den Alpen kenne. Der Kellner balanciert dann das Essen auf der linken Handfläche, nimmt mit der rechten seinen Sohn auf und wirft den Hunden ein paar scharfe Worte zu, ohne seine Schritte zu verlangsamen. Unbestreitbar eine Meisterleistung.

Ich nicke ihm anerkennend zu, als er das Kebab vor mir auf den Tisch stellt. Es riecht verführerisch nach Sesam und Koriander. Neugierig schickt der ständig zum Spielen aufgelegte Ozean ein paar Wellen vorbei. Erst einen halben Meter vom nächsten Tischbein entfernt kommen sie zum Stehen. Weit hinten, dort, wo sich der Ozean mit ein paar Hügeln um das Bleiberecht streitet, mache ich mein heutiges Etappenziel aus. Es kommt mir vor wie aus Legosteinen gebaut.

»Willst du heute noch nach Taşucu?«, fragt mich der Kellner, der meinem Blick gefolgt ist. Klar doch, meine ich, und er beglückwünscht mich zu dieser Wahl. »Taşucu ist jung und frisch, ein kleiner Ort mit großem Hafen und weitläufigen Grünanlagen. Dort wirst du dich bestimmt wohlfühlen. Und das sage ich dir nicht nur, weil ich von dort stamme.

Oder, Kemal, habe ich nicht recht?« Damit wendet er sich einem jungen Mann zu, der trotz der Hitze einen Anzug trägt und sich schnurstracks zu meinem Nachbartisch begibt. Er grunzt zustimmend und bestellt ein Schnitzel mit Pommes frites. Vermutlich ist seine Mittagspause begrenzt; vielleicht arbeitet er bei einer Bank oder einer Versicherung in Taşucu.

Als hätten sie sich verabredet, strömen jetzt von allen Seiten Gäste herbei. Die ersten beiden sind Soldaten aus der betonierten Hässlichkeit hinter mir. Stumm begeben sie sich an den ersten Tisch der Reihe, mit effizienten Bewegungen nehmen sie ihr Mittagessen zu sich. Eine Dreiergruppe, ein Mann und zwei Frauen, bei denen ich nicht weiß, ob die jüngere die Tochter des Ehepaars oder eine Art Gespielin des Ehemanns ist, setzt sich in weitestmöglichem Abstand zu den Soldaten an den letzten Tisch. Zuvor deutet der Mann auf das halb aufgegessene Kebab auf meinem Teller und wirft mir einen fragenden Blick zu. Ich recke den Daumen empor: Ja doch, das Essen ist sehr gut hier.

Vor zweieinhalb Stunden war ich den dreien schon einmal begegnet. Sie hatten mich in einem cremefarbenen Mercedes überholt und mir winkend signalisiert, dass ich anhalten möge. Dann umringten sie mich und zeigten mit hochgezogenen Augenbrauen auf eine mitgebrachte Kamera. Ich setzte mein gewinnendstes Lächeln auf und ließ ein Blitzlichtgewitter über mich ergehen. Zum Dank überreichte mir der Ehemann einen Sack Äpfel. Es war ein fairer Handel. Unsere Begegnung fand praktisch ohne Worte statt, dennoch hatten wir uns auf Anhieb verständigt.

Statt einen Nachtisch zu bestellen krame ich das Säckchen mit dem Obst hervor und beginne, mit Genuss zu essen. Wir grinsen uns über die drei zwischen uns stehenden Tische hinweg zu. Auch diese sind mittlerweile besetzt. Beinahe zeitgleich mit meiner Straßenbekanntschaft sind drei Pärchen herbeigeschneit. Vollkommen ungezwungen, offenen Blicks und kopftuchfrei, reden die Frauen mit ihren Männern. Hier, am Anfang der Osttürkei, wo ich Schleier und wallende Umhänge erwartet habe, treffe ich auf Make-up, Pfennigabsätze und Spaghettiträger. Die Gleichberechtigung bleibt oberflächlich: An allen drei Tischen bestellen und bezahlen die Männer das Essen, anschließend steigen sie in klimatisierte Autos und fahren mit ihren Partnerinnen im Schlepptau davon.

Eine Begegnung mit »caretta caretta«

Auch ich setze meinen Weg fort. Unter den wachsamen Augen des Kellners schwinge ich mich betont lässig in Garfields Sitz, dann trete ich in die Pedale. Unter dem Beifall eines Lastwagenfahrers, der mich vor seinem Gefährt auf die Straße lässt, fahre ich Taşucu entgegen.

Doch was ist das? Kaum bin ich außer Sichtweite des Freiluftrestaurants, höre ich ein leises Rascheln. Was mag Garfield nun wieder eingefallen sein? Schleift die Kette am Boden, touchiert eines seiner Kabel die Erde? Unsicher fahre ich weiter, da höre ich es erneut. Kein Zweifel, da ist ein neues Geräusch, etwas schleift oder kriecht den Boden entlang. Was mag das sein? Ich lasse Garfield ausrollen – doch das Rascheln wird lauter statt leiser. Erst als ich anhalte und das Geräusch trotzdem nicht abebbt, merke ich, dass Garfield nicht der Auslöser ist: Es raschelt im Gestrüpp, das die Straße seeseitig flankiert!

Jetzt ist meine Neugier geweckt. Ich steige ab und schleiche in Indianermanier auf den Busch zu. Weit und breit ist kein weiterer Verkehrsteilnehmer zu sehen. Das Geraschel kommt eindeutig aus dem Strauchgewirr neben der Straße. Noch zwei Schritte trennen mich davon. Plötzlich aber kommen mir Zweifel: Ist es überhaupt ratsam, mich in einem fremden Land einer uneinsehbaren Stelle zu nähern, nur weil es dort verführerisch knistert? Schon springt mein Kopfkino an. In rascher Abfolge entwirft es Szenen von hervorstürzenden Wachhunden, zischenden Schlangen und, wieso auch immer, einer Art Wasserbüffel mit blutunterlaufenen Augen. Überhaupt – sollen in dieser Gegend nicht auch Wölfe leben?

Doch es ist zu spät, mich zurückzuziehen; schon bin ich in die Falle getappt. Äste werden beiseite geschoben, Halme auseinandergebogen. Blätter geraten in Bewegung, auseinandergetrieben von zwei mächtigen Vorderläufen. Gebannt starre ich auf die Stelle. Jede Faser meines Körpers ist zum Zerreißen gespannt. Ich bin zu allem bereit. Mit einer schnellen Handbewegung könnte ich Garfield die türkische Flagge entwenden. Sie baumelt an einem doppelt fingerdicken Stock, mit dem ich mich verteidigen würde. Oh ja, mich kriegst du nicht so einfach, was immer du sein magst! Einschlagen würde ich auf das Monster, wie groß es auch sein möge. Wir würden ja sehen, wer die bevorstehende Schlacht als Gewinner verlässt!

Ich beuge mich weit nach vorne, bis ich das Gestrüpp beinahe berühre. Dort ertönt ein Schnaufen, das entfernt an eine Güterlok erinnert. Ein faltiger Kopf kommt zum Vorschein, gefolgt von einem gepanzerten Körper ... Und dann läuft »caretta caretta« unbekümmert direkt vor meiner Nase über die Nationalstraße.

Immer wieder findet die Unechte Karettschildkröte an den Ort zurück, an dem sie einst ihre Eier ablegte. Der Küstenabschnitt bei Anamur gehört zu ihren bevorzugten Laichplätzen. Hier initiierte man im Jahr 2006 erstmalig ein umfassendes Schutzprogramm für die Gelege der Schildkröten. Denn »caretta caretta« ist gefährdet. Man schätzt ihr Fleisch und ihre Eier, verwendet ihr Fett für Kosmetika. Immer wieder bleiben Schildkröten in den Schleppnetzen der Krabbenfischer hängen. Das Exemplar, das sich vor meinen Augen über die Straße schiebt, ist rotbraun und höchstens zwanzig Zentimeter lang, also noch lange nicht ausgewachsen. Manche Tiere werden über einen Meter lang und bringen einhundert Kilogramm auf die Waage.

So elegant sich »caretta caretta« im Meer fortbewegen mag, so linkisch und tapsig erscheint ihr Gewatschel an Land. Mühsam robbt die Schildkröte vor mir über die Bodenunebenheiten. Immerhin scheint sie zu wissen, wohin sie will. Zielstrebig steuert sie die andere Straßenseite an. Dabei reckt sie alle paar Zentimeter den Kopf und blickt nach rechts und nach links, als wisse sie genau, dass von dort eine Gefahr drohen könnte. Glück gehabt! In den zehn Minuten, die die Überquerung dauert, kommt kein Auto vorbei. Als die Schildkröte wohlbehalten am landseitigen Straßenrand ankommt, mache auch ich mich gut gelaunt an die Weiterfahrt. Kurz darauf erreiche ich Taşucu.

Wie vom Kellner prophezeit, finde ich ein schmuckes Küstenstädtchen vor, das mir die gewünschte Mischung aus Erholung und Vergnügen bietet. Die Stimmung um das Hafengelände von Taşucu ist gelöster als die in Anamur, aber nicht abgehoben wie jene in Antalya. Neugierig blicken mir die Einwohner ins Gesicht, wahren dabei aber eine angenehme Distanz. In der Bucht liegt ein Tross Fischerboote auf der Lauer. Selbst noch am Abend mache ich weitere Schiffe als schwarze Punkte auf dem Ozean aus, an dessen Horizont Zypern schemenhaft aufscheint.

Gut, dass ich mir gerade Taşucu als heutiges Etappenziel auserkoren habe, denke ich, als ich in einem Hafenrestaurant eine goldbraun gegrillte Dorade verdrücke. Äußerst reizvoll hängt das Städtchen zwischen den taurischen Bergausläufern und der Schwemmlandebene der Çukurova. Außerdem signalisiert es mir, dass ich eine weitere raue türkische Region, Kilikien, endgültig hinter mich gebracht habe und kurz davor stehe, eine neue, einfacher zu befahrende zu erobern. Mit diesem beruhigenden Gedanken, die Motoren der Fischerboote noch in den Ohren, schlafe ich ein.

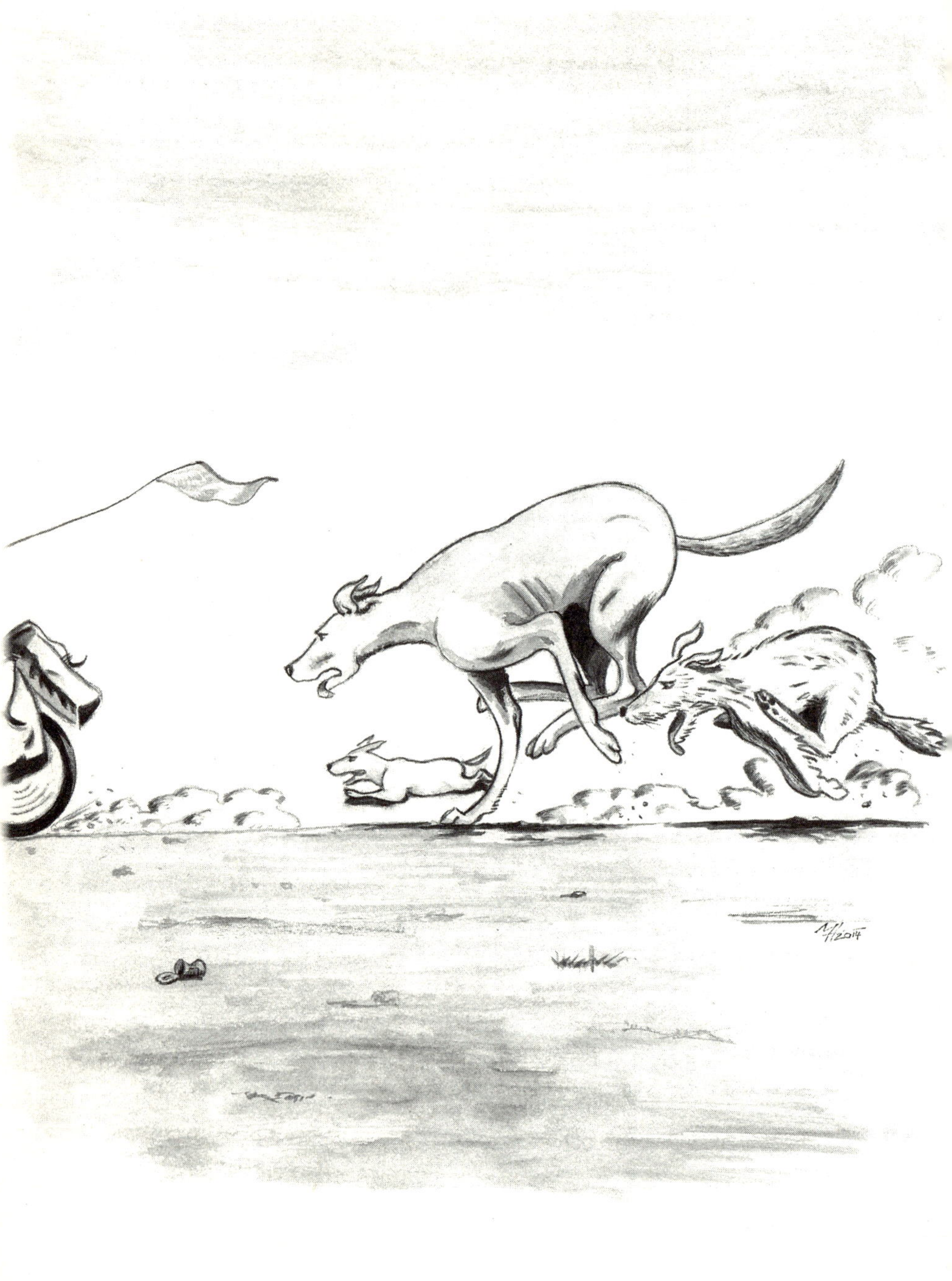

KAPITEL 5

Der Wohltäter von Kızkalesi und das Molekül in der Metropole:

Gefühlschaos in der Çukurova

Im Nachhinein sollte ich herzlich darüber lachen, dass ich ausgerechnet die vor mir liegende Schwemmlandebene so enthusiastisch wie keine türkische Region zuvor begrüßt hatte. Ist die Çukurova doch hauptsächlich dafür bekannt, dass sengend heiße Luft das Atmen im Sommer beinahe unmöglich macht, während die Gegend winters von einer umfassenden Trostlosigkeit heimgesucht wird, der selbst das Dreigestirn der Städte Mersin, Tarsus und Adana nichts entgegenzusetzen hat. Tatsächlich sollte ich in der Çukurova schon bald die schwärzesten Stunden meiner gesamten Türkeireise erleben und mich wiederholt fragen, warum um alles in der Welt ich ausgerechnet hierher kommen musste.

Einstweilen brause ich jedoch ausgelassen an endlosen Plantagen vorbei, lasse bewässerungsintensive Pflanzungen zur Rechten und zur Linken zurück: Reis, Zitronenbäume, Tomatenstauden und immer wieder Baumwolle. Die Flüsse Ceyhan, Seyhan und Tarsus machen es möglich.

Vorbei, für immer vorbei ist das grausame Wechselspiel aus zu langsamem und zu schnellem Vorwärtskommen, aus schweißtreibenden Anstiegen und halsbrecherischen Abfahrten! Vorbei ist die Unsicherheit, ob ich für die kommenden fünf Kilometer fünf oder fünfzig Minuten benötige! Vorbei sind die bangen Fragen, ob sich hinter der nächsten Kurve erneut ein bisher nicht erkennbarer Berg, ein ungewollter Ausflug ins Landesinnere, ein Umweg über Stock und Stein versteckt hält!

Wie im Rausch gleitet Garfield dicht über den Boden. Übermütig lasse ich ihm freien Lauf und versuche, in voller Fahrt Grashalme und Blumen vom Straßenrand zu pflücken. Übereifrige Hunde, die mir nachstellen, lache ich aus: Sie können mich nicht einholen. Ich genieße den Fahrtwind im Gesicht; die warmen Streicheleinheiten der Novembersonne kitzeln mich auf den Unterarmen. Die wiederkehrende Kontraktion der Beinmuskeln, die mich voranschieben, merke ich kaum. Ohne anzuhalten fahre ich ins fünfzehn Kilometer von Taşucu entfernte Silifke und setze dort über den Göksu.

Die großen Zeiten von Silifke, dem antiken Seleukıa, sind lange vorbei. Benannt nach Seleukos Niktador, der die Siedlung zu Beginn des dritten Jahrhunderts vor Christus gründete, stand die Stadt unter den Römern der Provinz Isaurien vor. Im Mittelalter war sie das Zentrum des Königreichs Kleinarmenien. Nur einmal aber fand hier tatsächlich ein Ereignis von weltpolitischer Bedeutung statt.

Im Jahr 1190 war das Herrschaftsgebiet des Stauferkaisers Friedrich I. auf Schwaben, das Elsass und Teile Frankens zusammengeschnurrt. Da er es folgerichtig ratsam fand, seinen Einflussbereich zu erweitern, holte er sich den Segen des Papstes und brach von Regensburg mit fünfzehntausend Mann zum zweiten Kreuzzug gen Osten auf. Es war das größte Kreuzfahrerheer der Geschichte. Die Bewohner der »befreiten« Gebiete flohen, die Eroberer plünderten Thrakien und Konya. Hier, in Silifke, fand Friedrich I., der eigentlich bis nach Jerusalem ziehen wollte, ein unheroisches Ende: Er ertrank ganz profan im Göksu.

Bis heute bleibt ungeklärt, ob ihn die schwere Ritterrüstung in eine Untiefe des Flusses zog oder ob die plötzliche Abkühlung für sein unerwartetes Ableben sorgte. Ebenso wenig weiß man, was mit den sterblichen Überresten des Stauferkaisers geschah. Das Gros der Kreuzfahrer brach jedenfalls nach dem Tod ihres Anführers den Feldzug ab. Erst im dreizehnten Jahrhundert gab man Friedrich I. den Beinamen Barbarossa, »Rotbart«, und stilisierte ihn während der Nationalbewegung im neunzehnten Jahrhundert wider seiner dürftigen Erfolgsbilanz zum Helden.

Ins Zeitloch gestolpert

Mit der Gnade der späten Geburt ausgestattet, überquere ich den Göksu bequem über eine inzwischen vorhandene Betonbrücke, dann strebe ich erneut der Küste entgegen. Sanfte Hügel, gefällige Aussichten und einzelne Ferienhausarrangements wohlhabender Türken und sonnenhungriger Deutscher prägen die Landschaft.

In Kızkalesi, dem mit Abstand schönsten Badeort auf meiner heutigen Wegstrecke, winkt mich ein junger Mann an den Straßenrand. Ob ich etwas brauche, möchte er wissen, und als ich mein Türkisch zusammenkratze und etwas von *Gözleme* murmele, lächelt er und geht mir voran zu einem hellbeigen Haus. Eine Familie sitzt davor. Sie hat sich um einen Holztisch geschart, der sich unter der Last diverser Köstlichkeiten zu biegen scheint. »Diesen Radfahrer habe ich gerade von der Straße aufgelesen. Der fährt im Liegen durch unser Land und hat vor, die besten Gözleme von Kızkalesi zu probieren.« So werde ich vorgestellt, und alle brechen in ein herzliches Lachen aus, als sie mein verdutztes Gesicht sehen: Meine Straßenbekanntschaft hatte Deutsch gesprochen, und alle schienen es verstanden zu haben.

»Ömer« sagt der Wortführer zu mir, und ich brauche eine Weile, ehe ich verstehe, dass er sich soeben vorgestellt hat. Er sei in Kızkalesi geboren, gibt er bekannt, verdiene seine Brötchen – besser gesagt seine *Gözleme* – aber seit fünfzehn Jahren in einer Carbonfabrik bei Tübingen. Da sein Bruder zudem eine Mannheimerin geheiratet habe, könne jeder in der Familie leidlich Deutsch.

Und was für eins! Die Mischung aus türkischem Akzent und schwäbischem Einschlag geht augenblicklich ins Ohr. »In zehn Tagen flieg ich zurück zum schaffe«, vertraut mir mein Gastgeber an, »von nix kommt halt nix, woisch. Greif zu!« Nach anfänglichem Zögern komme ich seiner Empfehlung gern nach und tunke Pidestücke in *Menemen*, eine Paste aus Ei, Gemüse und Paprika, die zuerst ungewohnt und dann mit jedem Bissen besser schmeckt. Den parmesanähnlichen Käse garniere ich mit Chilischoten.

»*İç, iç!*«, fordert mich Ömers Mutter auf, sobald mein Teller leer ist, »Iss, iss!« Ich mag ihren weichen Blick, den sie nicht vollständig hinter einer strengen Fassade verbergen kann. Die Erziehung dreier Kinder und vermutlich zum Teil auch ihres Mannes legt ihr die Rolle der Resoluten nahe. In Wahrheit aber ist Görken eher sanftmütig; zuweilen gönnt sie sich romantische Gedankenausflüge. Die Hauseinrichtung, hinter der ich ihre ordnende Hand vermute, weist keine Scheu vor Kitsch auf: Bunte Glaskugeln stehen neben Kuckucksuhren; die Wände zieren knallrot eingerahmte Fotos der Familienmitglieder.

Trotzdem hat Görken den gesamten Haushalt in jeder Minute im Griff. Mein Teller ist nie leer; nebenher kocht sie Kaffee, holt Nachschub aus der Küche, erzählt hie und da eine Anekdote und bringt ihren Sohn mit einem Blick zum Schweigen, wenn dieser in Gefahr gerät, allzu ausschweifend von sich selbst zu erzählen. Görkens Strenge besitzt Nachdruck, eben weil sie sie gezielt einsetzt. Sobald ihre an sich gütigen Augen vor Verärgerung aufblitzen, muss man auf der Hut sein. Ich ertappe mich bei dem Gedanken, ob Görken wohl ähnlich selbstbewusst aufträte, wenn ihr Mann an ihrer Seite wäre. Der verkauft derweil Fisch auf dem Markt von Mersin.

Ömers Schwester Tuğba ist die Ruhigste in der Runde. Sie hat die Augen ihrer Mutter, setzt sie aber nur ein, um keusch auf ihren Teller zu blicken. Auch heute noch haben nicht viele junge Türkinnen die Möglichkeit, wirklich eigenständig zu sein. In der Regel bleiben sie in der eigenen Familie, ehe sie zur Familie ihres Ehemanns wechseln. In beiden Fällen obliegt ihnen der Haushalt und die Erziehung der Kinder oder Geschwister. Tuğbas Zurückhaltung wird noch verstärkt, weil wir die Unterhaltung größtenteils auf Deutsch führen, das sie nicht flüssig spricht. Immerhin blitzt ihr Blick ein paar Mal auf, als ich gestenreich ausmale, wie ich den Autos in Antalya ausweichen musste.

Wie wird Tuğbas Leben weitergehen? Vermutlich wird sie schon bald aus mehreren Anwärtern das kleinste Übel aussuchen und mit einer neuen Familie an einem Tisch wie diesem sitzen, den Blick scheu gesenkt. Vielleicht aber auch nicht? Die türkische Gesellschaft befindet sich im Umbruch. Eingespannt zwischen den strengen Verhaltensregeln in Arabien und dem europäischen Feminismus beginnen junge Türkinnen, Ansprüche zu formulieren. Die Städte Mersin und Adana liegen praktisch um die Ecke. Dort gibt es Mädchen, die hochhackige Schuhe tragen und eigenständig Geld verdienen. Vielleicht, wer weiß, wird Tuğbas Blick schon bald offener sein, klarer und energischer – selbst wenn ein Gast aus *Almanya* mit am Tisch sitzt.

Bis dahin führen vor allem wir Männer das Gespräch, unterbrochen von Görkens »*İç, iç!*«. Ömer kommentiert meine bisherige Wegstrecke mit einer so ausgeprägten Sympathie und Natürlichkeit, dass ich mich in seiner Gegenwart schnell wohlfühle. Mehr noch, aufgenommen bin ich in diese Tischgemeinschaft, obwohl ich meine Gastgeber noch vor einer dreiviertel Stunde gar nicht kannte.

Nach der vierten oder fünften Runde *Menemen* kommt ein Nachbar, angelockt von Garfields Anblick, herüber. Hans heißt er, setzt sich zu meiner Linken, und Ömer serviert ihm die Details meiner Türkeireise. Hans quittiert es, indem er mehrmals mit der Rechten auf seinen stämmigen Oberschenkel klopft. Dabei grollt ein Lachen aus seiner Kehle wie Donner aus einer Schlucht. Mit seinem ungezähmten Blick und dem Holterdiepolter, das all seine Gesten begleitet, ist Hans der perfekte Antipode zur schüchternen Tuğba. Diese verfolgt die Äußerungen des Neuankömmlings mit wachem Blick und lässt sich immer mal wieder zu einem Lächeln hinreißen. Tuğba und Hans täten einander gut: Beide besitzen im Übermaß, woran es dem jeweils anderen fehlt.

Vor fünfzehn Jahren, als Ömer Kızkalesi Richtung Tübingen verließ, zog Hans von Rottweil hierher, als habe es sich um einen Personalaustausch gehandelt. Für einen Appel und ein Ei kaufte er sich hier als erster Ausländer ein Haus mit Meerblick. Inzwischen hat er ein britisches Rentnerpärchen als Nachbarn. Das Mittelmeerklima tut Hans gut: Seine sattbraun gebrannte Haut, die Lachgrübchen in seinem Gesicht und seine zwanglosen Bewegungen, die ihm immer ein wenig zu energisch geraten, sprechen Bände. Hier hat er ein einfaches und geruhsames Leben in Gemeinschaft mit ihm Wohlgesinnten gefunden. Wie viele Rentner können das in Deutschland von sich behaupten?

Irgendwann merke ich erstaunt, dass ich in einer Art Wohlfühlblase gefangen bin. Görkens aufblitzendes Lächeln, Ömers schelmische Bemerkungen und Hansens beigebraune Oberarme tanzen vor meinen Augen. Vielstimmiges Gelächter, deutsche und türkische Satzfetzen fliegen umher. Kräftig leuchten Paprika, Zwiebeln und Gurken vom Holztisch, während sich die Schärfe der Chilischoten wohlig in meinem Mund einnistet. Ömer und Hans klopfen mir im Wechsel anerkennend auf die Schulter, boxen mich spielerisch in die Seite, wenn ich von meinen Abenteuern erzähle. Ich esse und scherze und lache gelöst mit ihnen. Wir sind in ein Zeitloch gefallen, in eine Parallelwelt geraten, in der alle Farben intensiver, alle Stimmen lauter und alle Genüsse ausgeprägter sind als im Diesseits. Ich möchte diesen Zustand am liebsten nie mehr verlassen.

Irgendwann aber meldet sich, zunächst verzagt, dann lebhafter, ein Unbehagen zu Wort: Wie erginge es wohl einem türkischen Liegeradfahrer in Deutschland? Würde er, zum Beispiel zwischen Ulm und Augsburg, ebenso vorbehaltlos zum Essen eingeladen, auch wenn er kaum ein Wort der Landessprache spricht? Erführe er ähnlich rasch die Lebensgeschichten seiner Gastgeber, und könnte er beim Essen zulangen, so lange es ihm beliebt? Schon möglich. Aber meine Hand legte ich hierfür nicht ins Feuer.

Als ich mich von der Gruppe löse, kommt es mir vor, als entfernte ich dadurch ein Puzzleteil aus einem bis dato stimmigen Gesamtbild. So eng bin ich mit meinen Gastgebern verwachsen, dass ich darüber beinahe erschrecke. Ich tue gut daran weiterzufahren; die Sonne hat ihren langen Sinkflug bereits begonnen.

»War echt subbr, woisch!«, betone ich, ehe wir die obligatorischen Gruppenfotos schießen. Gestärkt und um eine wertvolle Erfahrung reicher kehre ich in Garfields Obhut zurück.

Ein Molekül im Verkehrschaos

Hätte ich vorausgesehen, was mich auf den folgenden Kilometern erwartet, wäre ich in Kızkalesi geblieben. Wie auf meiner bisherigen Fahrt liegt auch an dem folgenden Küstenabschnitt das Hässliche nicht weit vom Schönen entfernt. Damit verhält es sich wie mit den Korykischen Grotten, die sich ganz in der Nähe befinden. Im Türkischen werden sie *Cennet ve Cehennem* genannt, »Himmel und Hölle« also. Im »Himmel« gedeiht an einem unterirdischen Fluss üppige Vegetation; die »Hölle« hingegen wartet mit senkrechten Wänden und extrem sauerstoffarmer Luft auf. Der griechischen Mythologie zufolge lebte einst das Ungeheuer Typhon in den Grotten. Sein Oberkörper war menschlich, sein Unterleib bestand aus hundert schlangenköpfigen Armen. Typhon kämpfte gegen Zeus und sperrte den Göttervater in den Höhlen ein; erst Hermes konnte ihn von dort befreien. Später besiegte Zeus Typhon in Thrakien und begrub ihn aus Rache unter der Insel Sizilien. Typhons Feueratem gelangt dort zuweilen noch immer durch den Krater des Ätna an die Oberfläche.

Dem »Himmel« des gelungenen Familienessens in Kızkalesi folgt die »Hölle« auf dem Fuß. Die vor mir liegenden Städte Mersin, Tarsus und Adana bilden ein durchgehendes, achtzig Kilometer langes Häusermeer. An allen Ecken und Enden dieses Ungeheuers wird gebohrt, gehämmert und gefeilt, um die einstmals schöne Küste vollends zu verunstalten. Das hätte sich Marcus Antonius vermutlich nicht träumen lassen, als er Kleopatra das Gebiet zwischen Alanya und Mersin zur Hochzeit schenkte.

Die neue Megastadt Mersin-Tarsus-Adana wuchert tumorartig ins Hinterland hinein. Niemand kann diese Expansion aufhalten. Vor hundert Jahren zählte Mersin noch zehntausend Einwohner, inzwischen sind es eine knappe Million. Mersin wartet nicht mit pittoresken Straßenzügen oder einem subtil gestalteten Küstenstreifen auf. Die Stadt ist vielmehr ein wichtiger Standort der Schwerindustrie. Im Hafen werden Waren in großem Stil verschifft; dahinter erstrecken sich Erdöl- und Zementfabriken. Ganz in der Nähe der Millionenmetropole, in Akkuyu, wo die Anatolische auf die Arabische und Eurasische Erdplatte trifft, soll bald ein Atomkraftwerk entstehen.

Wie ein Riss zieht sich die Nationalstraße durch die betonschwere Stadt. Rechterhand, zum Hafen hin, dominieren Hotelhochhäuser und Wohnblocks, deren Balkone Wange an Wange stehen und zumindest noch einen Ansatz von Charme erkennen lassen. Nördlich der Nationalstraße hingegen werden die Häuser niedriger und baufälliger, je weiter sie vom Meer entfernt sind. Im Landesinneren schließlich, zwischen

Raffinerien und Düngemittelfabriken, stehen die windschiefen Hütten der Kurden, die sich hier wie anderswo in der Türkei als Tagelöhner andienen müssen.

Die Aussicht auf schnelles Geld hat mehr Menschen in die Städte der Çukurova gebracht, als diese verkraften können. Für eine durchdachte Stadtentwicklung blieb keine Zeit. Der Massenansturm hat viele Metropolen an der türkischen Mittelmeerküste hässlich gemacht.

Um mich herum spuckt und hustet ein Schwarm Autos. Mopeds schubsen mich voran, Kleinbusse drängen mich zur Seite. Mehrmals läuft ein Passant beinahe in Garfields Räder hinein. Nur eine beherzte Vollbremsung rettet mich vor einem Unfall, als mich ein Kleinbus auf Tuchfühlung überholt und sofort darauf haarscharf vor mir anhält, um Passagiere aufzunehmen. Lastwagen pusten mir Abgaswolken ins Gesicht, wechseln ansatzlos auf die Standspur und fädeln sich gleich darauf ebenso unangekündigt wieder in den Verkehr ein.

Ständig muss ich auf der Hut sein. Autotüren, die zwei Meter vor mir aufgerissen werden, Mopedfahrer, die aus Hofeinfahrten preschen, Passanten, die mir aus dem Schatten von Gebäuden heraus Unverständliches zurufen, ehe sie auf die Straße stürzen: Hakenschlagend fahre ich um Hindernisse herum, die noch vor einem Augenblick nicht als solche zu erkennen waren. So werde ich ins Stadtzentrum von Mersin gespült – ein Molekül, mitgerissen von einem unermesslichen Strom, das nur noch darauf achtet, nicht unterzugehen.

Als die Sonne den Saum des Horizonts berührt, mache ich durch das Verkehrsgeschwader hindurch auf der anderen Seite der vierspurigen Küstenstraße ein Hochhaus aus. Auf seiner dem Meer zugewandten Seite prangt überdeutlich der Schriftzug *otel*. Ich benötige eine Viertelstunde, um mit Garfield auf die andere Straßenseite zu gelangen. Erst dann bin ich fürs Erste dem Chaos der Großstadt entkommen.

Das Auto ist etwas, das überwunden werden möchte

Noch vor Sonnenaufgang stürze ich mich erneut in das Gewimmel, das selbst in der Nacht keine Pause eingelegt hat. Auf den vor mir liegenden fünfundsiebzig Kilometern würde es mich begleiten. Das Tohuwabohu macht mir erst jetzt klar, wie privilegiert meine bisherige Reise verlaufen ist. In Mersin komme ich mir zum ersten Mal seit meinem Aufbruch von İzmir deplatziert vor.

Oder sind es die anderen? Genervt vom ständigen Gehupe und Gezerre, vielleicht auch benebelt von den Abgasen, stelle ich mir die heutige Wegstrecke vor, wenn alle Verkehrsteilnehmer vom Auto aufs Liegerad umstiegen: paradiesisch ruhig, umhüllt von glasklarer Luft und voller sportlicher, stressfreier Fahrer. Stattdessen knattert eine stinkende Armada großer und kleiner Motoren um mich herum; keine Sekunde würde sie mich heute in Frieden lassen.

Sind diese sprotzenden Ungetüme wirklich das Beste, das wir bauen können, um uns fortzubewegen? Stehen wir an der Spitze unserer Möglichkeiten? Ich mag es nicht glauben. Wir sind zu Höherwertigem fähig als zu dem, was mich da umkreist und verpestet! Es muss sich um eine Zwischenstufe handeln, die führende Autokonzerne hartnäckig bewahren wollen. Doch bereits unsere Kinder, spätestens unsere Kindeskinder, werden mit Grausen an die finsteren Zeiten zurückdenken, in denen wir unseren Planeten wissentlich an den Rand des Abgrunds gebracht haben.

Es muss sie einfach geben; ich kann sie förmlich durch das Knattern der Motoren hören, durch die verschleierte Luft hindurch sehen: die neuen Propheten. Ein neuer Nietzsche wird BMW und Daimler das Überauto lehren. »Das Auto ist etwas, das überwunden werden möchte«, wird er uns zurufen. Ein neuer Darwin wird sein Hautpwerk publizieren, »Die Entstehung umweltfreundlicher Automobile durch natürliche

Fluktuation«. Und Marx' Abhandlung »Das Benzin«, eine tödlich langweilige, aber versteckt schonungslose Abrechnung mit dem Abgassystem, wird den Stinkern den Rest geben. Dann wird die Natur nach und nach die Wunden zunähen, die ihr die Straßen und Schienen zugefügt haben.

Einstweilen aber muss ich mich mit den Gegebenheiten arrangieren. Und natürlich sollte es noch schlimmer kommen. Wie sorgt ein Unglück eigentlich dafür, dass es weitere anlockt? Suchen sie generell die Nähe der anderen oder verabreden sie sich zu einer bestimmten Zeit in der Nähe eines ausgesuchten Opfers? Auf meinen bisherigen Reisen gab es noch keine Ausnahme von Murphys Gesetz: Wenn es kommt, dann kommt es dick. So war es mir beispielsweise noch nie vergönnt, mich mit einem platten Reifen herumzuschlagen, während sich am Straßenrand eine saftige Wiese erstreckte oder ein lockendes Café sich ankündigte. Stattdessen trat dieses Missgeschick auf, als ich auf meiner Umrundung Frankreichs per Postrad durch das Industriegebiet von Rouen fuhr. Auf meiner »Rikschatour nach Singapur« erwischte es mich auf einer autobahnähnlichen malaischen Fernstraße, fernab jeglicher Werkstatt. Und auf meiner Reise durch die Türkei ereilt mich nun das gleiche Schicksal just in dem Moment, in dem ich durch den diesigen Dreck von Mersin-Tarsus-Adana strampele.

In Tarsus, ziemlich genau im Zentrum des Hochhaushades, beginnt Garfield, in den Kurven zu schlingern. Das Gepäck wird auf die hintere Achse drücken, denke ich und radele weiter. Kurz darauf fahre ich auch auf gerader Strecke im Zickzack. Zweieinhalb Kilometer weiter steuere ich eine Tankstelle an, parke Garfield hinter dem dortigen Klohäuschen und begutachte ihn von allen Seiten.

Schnell ist mir klar, warum mein Reisekumpan nicht länger geradeaus fahren kann. Der Mantel des Hinterrads drückt schlapp auf den Boden. Also nehme ich Garfield die Reisetaschen ab, trenne das Hinterrad vom

Rumpf und löse den Mantel mit meinem Taschenmesser vom Fahrradschlauch. Als dessen Gummi wie ein Darm herausquillt, taste ich ihn auf ganzer Länge ab, finde aber nirgendwo ein Loch. Da erst sehe ich, dass der Schlauch an den Rändern durchgescheuert ist. Materialermüdung also. Ein ebenso schlimmes Wort wie der Zustand, den es beschreibt. Zugegeben: Nach ungefähr einer Million Umdrehungen seit meinem Aufbruch von İzmir kann so etwas durchaus mal passieren. »Alles klar«, höre ich in meinem Kopf die souverän bassige Stimme des Fernseharztes Dr. House, »der Kranke wird durchkommen. Es handelt sich um eine Materialermüdung. Tauschen sie den Darm, nein: den Schlauch aus, und der Patient kommt wieder auf die Räder!« Vorbereitet durch meine Erfahrungen in Frankreich und in Südostasien ziehe ich einen Ersatzschlauch aus der Reisetasche und montiere ihn flugs. Keine zehn Minuten später bin ich wieder unterwegs.

Ein Lächeln hat sich in mein Gesicht geschlichen: So leicht lasse ich mich nicht aufhalten. Der Übermut der Jugend! Was weiß der blauäugige Naivling schon vom Leben! Murphy ist noch lange nicht fertig mit mir. Noch während ich mir die offene Bewunderung meiner weiblichen und den heimlichen Neid meiner männlichen Leserschaft ausmale, holt das Schicksal zum nächsten Schlag aus. Es liebt solche Momente. Ja, es schlägt jedes Mal mit perfider Lust zu: Antäuschen mit der Linken, zum Schein in Deckung gehen, dann landet die gerade Rechte ansatzlos im Gesicht. So mag es das: Zunächst wird das Opfer angestupst; richtig zugeschlagen aber wird erst, sobald es sich in Sicherheit wähnt.

Keine zwei Stunden bin ich weitergefahren, da beginnt das rechte Vorderrad in den Kurven zu schlingern. Ungläubig starre ich den Mantel an, der sich, von keinem luftgefüllten Schlauch mehr gewölbt, flach auf die Straße drückt. Dreieinhalb Wochen hatten alle drei Reifen des Liegerads treu ihren Dienst verrichtet, heute treten gleich zwei von ihnen in einen Streik. Andererseits: Nach einer Million und zehntausend Umdrehungen seit meinem Aufbruch von İzmir kann so etwas schon mal passieren. Materialermüdung eben.

Ich schlingere mehr schlecht als recht voran, ehe die nächste Tankstelle in Sicht kommt. Dort stelle ich Garfield hinter dem Klohäuschen ab, fluche ausgiebig und wiederhole dann die bekannte Prozedur. Verunsichert setze ich daraufhin meine Reise fort. Ich habe keinen weiteren Ersatzschlauch im Gepäck. Beim nächsten Platten müsste ich die Segel streichen.

Bis dahin aber bin ich wild entschlossen, es mit allem aufzunehmen, was sich mir in den Weg stellen sollte. Ich komme voran, mit grimmigem Eifer wie dereinst Bonifatius, der um 306 in Tarsus das Martyrium durch siedendes Pech erlitt. Erst kurz zuvor hatte er sich, beeindruckt von der Leidensfähigkeit der Christen, taufen lassen. Zu jener Zeit stand Tarsus unter römischer Herrschaft. Die Historie der Stadt reicht jedoch weitaus tiefer in die Vergangenheit hinein; sie bietet Stoff für ein ganzes Geschichtsbuch.

Im zweiten Jahrtausend vor Christus werteten die Hethiter die Siedlung zu einem bedeutenden Zentrum auf. Daraufhin wurde sie von den Griechen, hernach von den Assyrern, den Babyloniern und den Persern erobert, ehe sie durch Alexander den Großen wieder griechisch wurde. Die Sassaniden brachten die Stadt unter ihre Kontrolle, ehe sie dem römischen Imperium einverleibt wurde. 614 gewannen die Perser Tarsus zurück, kurz darauf gehörte es zu Byzanz, wurde aber wenig später von den Arabern eingenommen und daraufhin unter den Kreuzfahrern Teil des armenischen Königreichs. Nach einem kurzen Gastspiel der Mamelucken herrschten die Osmanen in Tarsus. Wer eine derartige Geschichte aufweist, wird auch mit den Konsequenzen der Bevölkerungsexplosion, mit Hochhäusern und Abgasen, dem Stau und dem Lärm fertig werden!

Paulus, der wohl bekannteste Apostel, wurde in Tarsus geboren. Auch wenn er, entgegen der Redewendung, nach seiner Bekehrung nicht »vom Saulus zum Paulus« wurde, sondern beide Namen seit seiner Geburt trug, kann seine Bedeutung für das Christentum kaum groß genug eingeschätzt werden. Jahrzehntelang missionierte er in der heutigen Türkei, in Griechenland, Makedonien, Syrien und Zypern. Die »Paulusbriefe« an die neu gegründeten Gemeinden gelten als die ältesten Schriften des Neuen Testaments, und Paulus damit als »erster Theologe der Welt«. Dadurch, dass er Jesus Christus ins Zentrum der Heilslehre stellte, legte er die Grundlage des heutigen Christentums und befähigte die damals neue Religion, aus dem Schatten des Judentums zu treten und das größte weltumspannende Glaubenssystem aller Zeiten zu werden.

Im Vergleich zum berühmtesten Sohn der Stadt gebe ich ein klägliches Bild ab. Hustend fahre ich durch Staub und Dreck. Smogschleier hängen vom Himmel herab; die Sonne ist ein fahler Fleck, ihr Leuchten nicht mächtiger als das eines Vollmonds. Ich merke nicht einmal, dass ich Tarsus verlasse, so nahtlos geht die Agglomeration in die folgende über. Kurz darauf befinde ich mich im Zentrum der fünftgrößten Stadt der Türkei. Adana nennt sich die neue, anderthalbmillionenköpfige Chimäre, mit der ich es heute aufnehmen muss. Dieses Mal aber benötige ich keine Dienste eines Taxifahrers. Zwei Stunden lang drücke, schiebe und walze ich mich, unterbrochen von abrupten Bremsmanövern und hektischen Ausweichversuchen, mitsamt der hupenden und stinkenden Straßenkonkurrenz durch die Metropole. In jeder Sekunde davon muss ich präsent sein. Ich muss auf kleinste Bewegungen am Straßenrand reagieren; oft genug ist es ein Kind, ein fotografierfreudiger Jugendlicher, ein begeisterter Passant, der direkt vor mir auf die Straße rennt.

So ziehe ich – ein verschwitzter Liegeradfahrer, der einen rotgelben Wimpel hinter sich herzieht – in einem Geschwader aus Mopeds und

Autos, Lastwagen und Bussen suchend durch die Ein- und Ausfallstraßen der Stadt. An jeder roten Ampel bildet sich eine Traube Menschen um mich herum. Man überholt und gestikuliert, schreit mir Grüße zu, bis mir die Ohren klingeln. Bei alldem muss ich freundlich lächeln, lässig winken, für Fotos posieren und Garfields Funktionsweise erklären.

Als ich es kaum noch für möglich halte, legt der Lärm eine Pause ein. Erstaunt blicke ich mich um und sehe, dass das rauchende, stinkende Monstrum namens Adana hinter mir liegt.

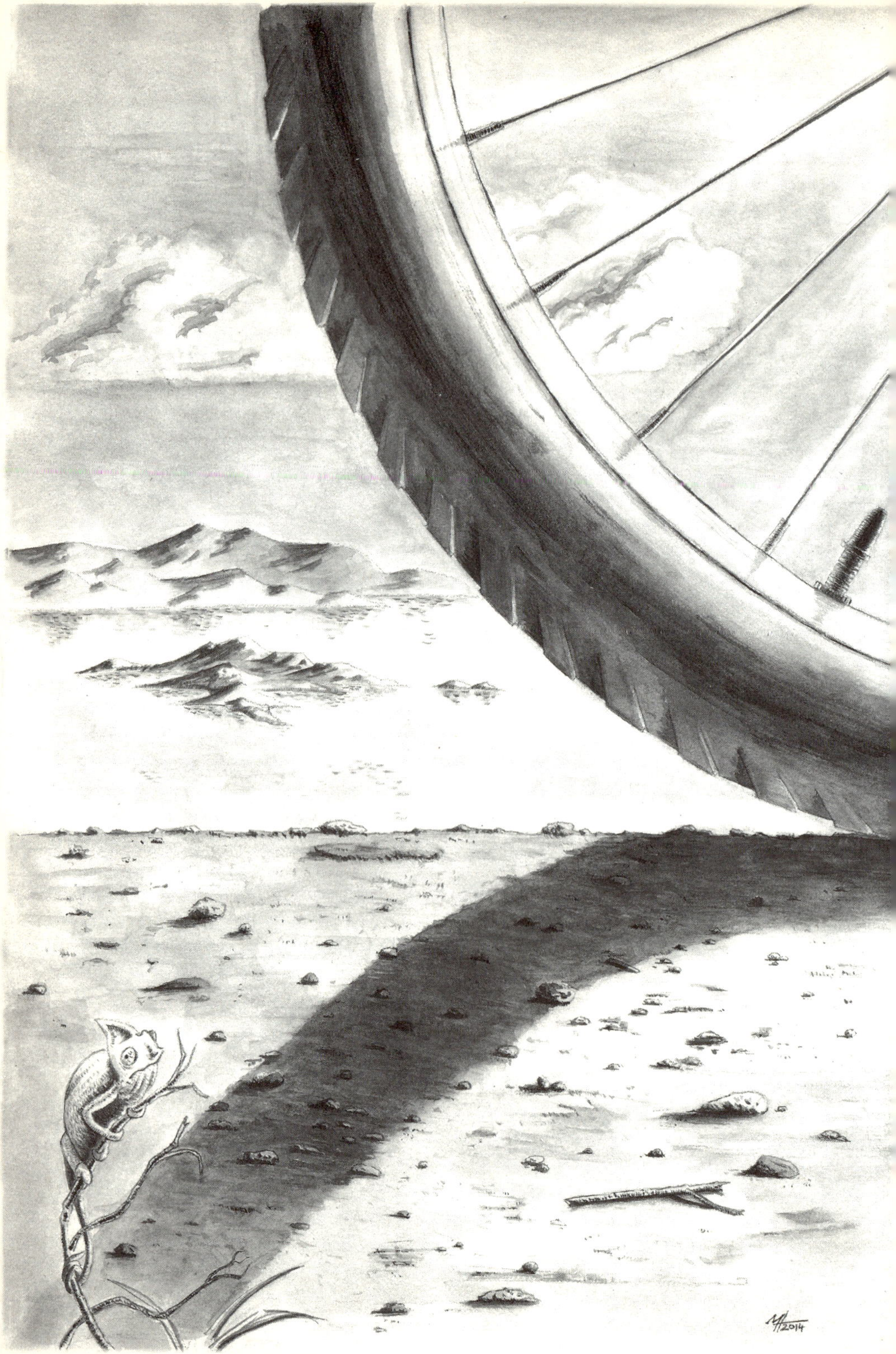
2014

KAPITEL 6

Ein zorniger Freund und das wilde Kurdistan:

Ankunft im Hatay

Wie jede große Stadt ist auch Adana nicht gewillt, mich einfach so ziehen zu lassen. Stattdessen hetzt sie mir Flugzeuge auf den Hals. Zwei schnittige Militärjets fliegen dicht über meinen Kopf hinweg auf die Stadt zu. Kurz darauf dreht ein tarnfarbener Kampfbomber eine Runde über der Straße, die mich an den östlichen Rand des Mittelmeers, nach İskenderun und Antakya, bringen soll.

Die *İncirlik Hava Üssü* liegt direkt vor den Toren der Millionenstadt. Von diesem NATO-Stützpunkt aus starteten die US-amerikanischen Kriegsflugzeuge gen Irak und Afghanistan, auch für Gefangenentransporte der CIA wird er verwendet. Im Kalten Krieg unternahm die US-Armee von hier aus Spionageflüge ins Hoheitsgebiet der Sowjetunion. Offiziellen Angaben zufolge lagern auf dem Gelände der *İncirlik Hava Üssü* zudem neunzig Atomwaffen.

Durchs wilde Kurdistan

Der Verkehr nimmt so schlagartig an Intensität ab, als habe jemand Zivilisten verboten, die Gegend östlich von Adana zu befahren. Oder gibt es einen anderen Grund dafür, dass neunzig Prozent der Verkehrsteilnehmer diese Gegend meiden? Man kann es vermuten. »Willkommen in Kurdistan«, begrüßt mich ein Tankwart kurz hinter Adana und lächelt dabei nicht. Er heißt Denghis und besteht darauf, dass ich sein *Şiş Kebab* probiere.

Denghis spricht passabel Englisch, möchte alles über meine Türkeireise erfahren und weigert sich standhaft, Türkisch mit mir zu sprechen. Finster blickt er vor sich auf den Boden, als ich meine zwei Handvoll türkische Vokabeln anzubringen versuche. Er sei nun einmal Kurde, beharrt er stolz, und spreche die Sprache seiner Feinde aus Prinzip nicht. Alles östlich von hier dagegen sei seine Heimat, fährt er fort, hier wohnten seine Freunde, hier sei er aufgehoben in der kurdischen Gemeinschaft. Gute Menschen seien das, die ehrliche Arbeit verrichteten und dennoch keinen gerechten Lohn dafür bekämen. Doch die kurdische Leidensfähigkeit sei größer als die türkische Unterdrückung. Im turkischen Westen, den ich nunmehr ja kennengelernt hätte, verdiene man für die gleiche Arbeit das Fünffache – vorausgesetzt, man sei Türke und nicht Kurde. Die erhielten dort nämlich ausschließlich die miesesten Jobs und müssten sich in den Peripherien der Großstädte herumtreiben. Ob ich das gerecht fände?

Ich antworte ausweichend, murmele halbherzig etwas vom unterschiedlichen Preisniveau in Ost- und Westdeutschland und versuche, jede wertende Aussage über Türken und Kurden zu unterlassen. Das ist nicht mein Kampf; ich weiß nicht einmal, ob ein Kampf überhaupt sein muss. Denghis nimmt mein Lavieren gelassen hin. Seine Infiltration geschieht jetzt subtiler; er verlagert das Anprangern der Zustände in die Nebensätze. Dort flicht er ein, dass drei seiner Freunde in Adana gearbeitet hätten, vor Kurzem aber nach Ceyhan, östlich davon, ziehen mussten, da sie in der Millionenstadt immer wieder angepöbelt und einmal blutig geschlagen worden wären.

Am Ende unseres Gesprächs bindet mir Denghis ein knallrotes Freundschaftsarmband um das rechte Handgelenk. Das bringe Glück, behauptet er. Zum ersten Mal lächelt er. Dennoch hoffe ich inständig, dass sein Armband kein Symbol für ein freies Kurdistan oder die PKK darstellt. Meine Erklärungen gegenüber türkischen Polizisten dürften ebenso unbefriedigend ausfallen wie meine Begeisterungsfähigkeit angesichts einer kurdischen Aktivistengruppe.

Natürlich danke ich Denghis überschwänglich, ehe ich weiterfahre. Kurz vor Ceyhan werfe ich das Armband weg.

Ruhm für fünfzehn Minuten

Drei weitere Tage auf dem Liegerad, und die Türkei würde mich zu einer Art durchgeknallten Nationalhelden küren! Das Fernsehen käme mit überdimensionierten Kameras vorbei, und fünfzehn Minuten lang wäre ich, wie von Andy Warhol propagiert, ein Star. Dieses Szenario schießt mir durch den Kopf, als ein Minivan an einer roten Ampel neben mir stehen bleibt. Noch ehe das Fahrzeug ganz angehalten hat, stürzt der Beifahrer auf die Straße. »Ich kenne dich! Ich kenne dich!«, ruft er mir triumphierend auf Englisch zu. Während ich noch überlege, ob ich trotz der roten Ampel die Flucht ergreifen soll, hält er mir ein schickes Mobiltelefon vor die Nase. Auf dem Display erkenne ich mich selbst, wie ich, den Daumen in die Luft gereckt, feist in die Kameralinse grinse. Ich muss lachen und gleite nun doch von Garfield herab, statt in die Pedale zu steigen. Während des folgenden Gesprächs springt die Ampel auf Grün, dann wieder auf Rot und schließlich wieder auf Grün.

»Mein Bruder ist dir vor acht Tagen begegnet«, ruft mir der Beifahrer zu. Seine Stimme überschlägt sich beinahe vor Aufregung. Der Fahrer ist ebenfalls zu uns gestoßen und nickt bei jedem Wort seines Kumpans, als sei er darauf programmiert. »Schau, dieses Bild von dir hat er in Kemer geschossen. Er hat es mir geschickt, und natürlich habe ich es mir sofort als Bildschirmhintergrund abgespeichert. Nimm es mir bitte nicht übel, aber einen so verrückten Vogel wie dich habe ich in meinem Leben noch nie gesehen!«. Er führt eine Art Freudentanz auf, der mir augenblicklich klar macht, dass Berühmtheit ein zweischneidiges Schwert ist. Vielleicht reicht ja zuweilen die von Andy Warhol proklamierte Viertelstunde völlig aus.

»Oh Mann, dass ich dich jetzt hier treffe, das ist echt der Wahnsinn!« Drei Minuten lang hüpft der junge Türke um mich herum, während sein Kumpan dazu nickt wie ein Automat. Unsere Dreiergruppe muss ein groteskes Bild auf die Fahrer der Autos abgeben, die sich mittlerweile hinter dem Minivan aufreihen.

Als die Ampel ein weiteres Mal auf Grün springt, mache ich Anstalten, weiterzufahren. Die beiden knipsen noch schnell ein Dutzend Bilder von mir, und mein Gesprächspartner verspricht mir gönnerhaft, dass er seinem Bruder das beste davon sofort weiterleiten werde, als Beweis dafür, dass er mir wirklich begegnet sei. Im Rückspiegel erkenne ich, dass er sein Vorhaben ungeachtet der wartenden Verkehrsteilnehmer augenblicklich in die Tat umsetzt.

Wer mag inzwischen wohl alles ein Foto von mir haben? Auf welchen türkischen Internetseiten stehen Geschichten über mich? Welche Gerüchte über mich würden inzwischen auf Facebook verbreitet? Ich schiebe die Gedanken daran beiseite, als ich in Ceyhan einfahre. Nur einer hält sich noch eine Weile: Ich sollte dieses Buch auf Türkisch veröffentlichen. Ihm wäre mit Sicherheit ein großer Erfolg beschieden.

Motivationsschub in Ceyhan

Einhundertundzwanzig Kilometer liegen hinter mir, als ich die Stadt erreiche, von der alle – Türken, Kurden, Junge, Alte und mein Reiseführer – behaupten, dass sie nun wirklich hässlich sei. Für ihren Ruf sorgen zwei Erdöl-Pipelines und der dazugehörige Verladehafen. Hierher kommt das Öl vom Kaspischen Meer und aus dem Irak, das die moderne, energiehungrige Türkei so dringend benötigt.

Ich dagegen bin erleichtert, dass ich die Reifen aufschlitzende Nationalstraße D 400 verlassen habe. Ceyhan erscheint mir ansehnlich, der Smog von Mersin-Tarsus-Adana hat sich verzogen. Auf Anhieb finde ich ein Dreisternehotel, in dem ich für gut zwanzig Euro unterkomme.

Länger als sonst dusche ich an diesem Abend. Ich seife und schäume und schrubbe und kratze eine halbe Stunde lang, bis ich das Gefühl habe, den Dreck und Staub der heutigen Wegstrecke abgewaschen zu haben. Dann erst stromere ich auf der Suche nach Trinkwasser durch die abendlichen Gassen der Stadt. Keine Laterne erhellt die Seitensträßchen, in denen Metzger ganze Hammel feilbieten. Brocken ausblutenden Fleisches hängen an Eisenhaken; Hoden baumeln daran. Daneben kauert ein knorriger Händler vor seiner Bude; er verkauft ein übel riechendes Kraut, das ich nicht zuordnen kann. Vermutlich möchte ich gar nicht wissen, was man gemeinhin damit anstellt. In einem unscheinbaren Bretterverschlag finde ich eine Fünfliterflasche Wasser, erwerbe außerdem eine Tüte Obst und begebe mich mitsamt meiner Beute zurück zum Hotel. Dann erst gehe ich zu Bett.

Ich schlafe unruhig in jener Nacht. Lastwagengebrumm, hupende Autos und das Getöse eines Mopedschwarms hämmern auf meine Träume ein. Wie Minibomben durchkreuzen platzende Reifen meinen Schlaf. Mehrmals schrecke ich auf, weil ich mir sicher bin, dass ein Moped frontal auf mich zuhält, ein Auto mir den Weg versperrt, ein überholender Bus mich in den Straßengraben drückt. »Willkommen in Kurdistan«, hallt es bei alldem durch meinen Schlaf. Die Erlebnisse des Tages fordern ihren Tribut. Elf Stunden lang bin ich heute durch eine urbane Monstrosität gefahren, die bis oben hin vollgestopft ist mit Lärm und Smog.

Das ist mehr, als ein naturverbundener Liegeradfahrer auf Dauer ertragen kann. Als der Wecker schrillt, fahre ich schweißgebadet hoch. Im Spiegel sehe ich, dass meine Augen aufgrund der mehrmals unterbrochenen Nachtruhe rot geworden sind und nahtlos in zwei Tränensäcke übergehen. Was mag heute auf mich warten? Auf welche Prüfungen müsste ich vorbereitet sein? Folgt auf gestern ein weiterer Tag in der grauen Suppe einer Zu-Groß-Stadt? Muss ich auch heute husten, platte Reifen fürchten und mir am Ende des Tages den Dreck vom Körper schrubben?

Fast hoffe ich, dass irgendjemand Garfield aus der Hotellobby entführt hat. Es lieferte mir den perfekten Vorwand, um meine Liegeradtour abzubrechen. Da dies jedoch nicht zu erwarten ist, beschließe ich, meine Weiterreise in höhere Hände zu legen: Sollte ich auch heute eine Dunstglocke über der Straße vorfinden, würde ich dies als Zeichen werten, dass meine Weiterfahrt von hier an nicht länger erwünscht sei. Angesichts des gestrigen Tages bedarf es nicht viel, um mich heute dazu zu bringen, mein Unterfangen aufzugeben. Ich muss niemandem etwas beweisen, ich bin bereit, aufzugeben.

Vorsichtig ziehe ich den Vorhang vor dem Hotelfenster zur Seite. Was sich dahinter auftut, ist geeignet, mir augenblicklich den Glauben an meine Liegeradtour zurückzugeben. Das Schicksal ist entschlossen, mir zu verdeutlichen, warum ich unterwegs bin – und dass ich meine Reise durch die Türkei trotz aller Rückschläge wohlbehalten zu Ende bringen werde. Es hat eine gütige Sonne in den Himmel gesetzt, der von watteweichen Wölkchen punktiert wird, wie es kein Maler der Welt hinbekäme. Ceyhans Häuser scheinen angesichts dieser Kulisse von innen heraus zu leuchten, und von weit, weit hinten winkt ein Feldweg zu mir herüber. Wie alle Wege der Welt trägt er die Verheißung des Fortkommens, der Veränderung selbst in sich. Dieser Tag, der letzte meiner Liegeradreise durch die Türkei, könnte der schönste der gesamten Wegstrecke werden.

Ich werfe die Decke von mir, springe aus dem Bett, packe meine Habseligkeiten in die Reisetaschen und begebe mich gut gelaunt in den Frühstücksraum des Hotels. Eine halbe Stunde später bin ich wieder unterwegs.

Der Scherenschnitt der Berge

Südlich von Ceyhan biege ich in den besagten Feldweg ein, der mir ein zunehmend schönes Hinterland eröffnet. Gefällige Hügel, auf deren Hängen Dörfer und Gehöfte balancieren, bieten mir immer wieder bezaubernde Ausblicke in weitläufige Täler an. Je näher ich dem Meer komme, desto fruchtbarer gibt sich die Gegend. Weit zurückgetreten sind die einst so mächtigen Berge; wie Scherenschnitte mache ich sie hinter den welligen Hügeln aus.

Ich genieße meine Fahrt durch das Hatay, die südlichste und eine der kleinsten der türkischen Provinzen. In der gesamten Gegend leben weniger Menschen als in Adana. Das Gebiet ist umstritten; auf vielen arabischen Landkarten wird es Syrien zugeschlagen. Das liegt daran, dass es bis zu Beginn des zwanzigsten Jahrhunderts zum Osmanischen Reich gehörte. Im Ersten Weltkrieg wurde es von den Franzosen besetzt und erst 1939 der Türkischen Republik einverleibt.

Angesichts dieser Geschichtsträchtigkeit übersieht man gern, dass die Bewohner des Hatay tagtäglich beweisen, wie gut das Zusammenleben verschiedener Völker, Kulturen und Mentalitäten funktionieren kann. Im Süden sind neben den (arabischen) Alawiten auch (katholische und orthodoxe) Christen ansässig, zudem gibt es eine jüdische und eine armenische Gemeinde. Im Norden leben türkische Sunniten und yezidische Kurden, dort befindet sich auch *Tokaçlı*, das einzige mehrheitlich von arabischsprachigen Christen bewohnte Dorf der Türkei.

In dieser Region möchte ich meine Reise beenden – am liebsten unter Bedingungen, die so optimal sind wie heute. Während des Vormittags bin ich weitgehend allein auf weiter Flur. Lediglich drei zottelige, von weitem an Bären erinnernde Hunde springen mir von Gehöften aus entgegen. Neugierig schnuppern sie an Garfield und an meinen Hosenbeinen, überzeugen sich aber schnell davon, dass von uns keine Gefahr für ihr Zuhause ausgeht und trollen sich von dannen.

Genießerisch lausche ich den Geräuschen, die hier, abseits des Verkehrslärms, ihre Bedeutung zurückerlangen: dem Rascheln der Mäuse im Gras, dem schlurfenden Schritt eines Bauern auf dem Nachhauseweg, dem Spiel des Winds mit Ästen und Zweigen. Und ebenso dem subtilen Flirren der drei sich drehenden Liegeradreifen, dem gelegentlichen Knirschen der Gangschaltung und den erbost unter Garfields Gewicht wegspringenden Steinchen. Ich schnuppere wildtierhaft, um mir kein Gramm der von Getreidesporen, Blumen-Nektar und einer salzigen Meeresbrise aufgeladenen Luft entgehen zu lassen. Mitunter lasse ich Garfield rollen, um die Zeit, die mir der heutige Vormittag schenkt, künstlich zu verlängern. Welch ein Unterschied zum Abgasgestöber, zum Lärmbrei von gestern!

Sogar die Namen der sporadisch in die Landschaft gestreuten Dörfer klingen angenehmer als jene der hinter mir liegenden Großstädte. Nichts gegen Mersin, Tarsus und Adana, doch hier sind lustig klingende Ortschaften ausgeschildert: *Kurtkulağı*, »Wolfsohr«, zum Beispiel, und kurz darauf *Yumurtalık*, »Eierbecher«.

In den Kleinstgemeinden, durch die ich komme, bin ich der unangefochtene Star des Tages. Das Prozedere wiederholt sich dabei wie in der Hollywood-Komödie »Und täglich grüßt das Murmeltier«, in der Bill Murray als Reporter Phil Connors jeden Tag von Neuem den 2. Februar erlebt. Kaum erblicken mich die zwei, drei Jugendlichen eines Dorfes, die eben noch gelangweilt im Schatten eines Baumes vor sich hin dösten, springen sie zu ihren Mopeds. Deren Besitz scheint in dieser Gegend Pflicht zu sein. Minutenlang jagen sie mir nach, aufgeregt rufen sie Fragen zu mir herüber, von denen ich nur einen Bruchteil verstehe. Ich lächele sie an, antworte in einem Kauderwelsch aus Deutsch und Englisch, gespickt mit den türkischen Vokabeln, die ich unterwegs aufgelesen habe. Dann lachen sie gelöst auf, machen Gesten der Aufmunterung und schütteln dabei den Kopf, als könnten sie noch immer nicht glauben, was ihnen der heutige Tag an Verrücktheiten auftischt: Ein hellhäutiger Kerl aus einem der reichsten Länder der Erde, offenbar im Besitz seiner geistigen Kräfte, fährt nicht etwa mit einem Mercedes oder Porsche, sondern liegend, tretend, knapp über dem Boden hängend, durch ihre Gegend. Wenn das nichts ist! Irgendwann lassen sie dann von mir ab, plötzlich, als habe ich eine unsichtbare Grenze passiert.

Unangekündigt schmiegt sich eine Autobahn, die es meinem Straßenatlas zufolge gar nicht gibt, an den Feldweg. Auf den folgenden zehn Kilometern folgt sie seinem Verlauf wie eine anhängliche Liebhaberin. Kein Auto fährt darauf. Plötzlich verlässt sie uns brüsk und schlägt einen Bogen ins Landesinnere, während Garfield und ich auf das Meer zuhalten. Auf den folgenden zwanzig Kilometern streichen wir dessen Wange entlang. Noch immer ist außer uns niemand unterwegs.

Links die buschbewachsenen Hügel, rechts die glitzernden Reflektionen der Sonne auf den Wellenspitzen: So umrahmt gleite ich in gelöster Stimmung südostwärts. Alle Umstände haben sich zusammengetan, um mir den Weg zu bereiten. Das Schicksal hat ein Einsehen: Nach der harten Prüfung gestern verspricht es mir heute, den letzten Tag meiner Türkeireise auch zum schönsten zu machen.

Der Vormittag geht in den Nachmittag über, als ich nach fünfzig Kilometern über Stock und Stein erneut zur Nationalstraße gelange.

Wo der Feldweg auf die D 817 trifft – eine Abspaltung der D 400, die ihrerseits nach Ostanatolien strebt –, mache ich ein Lokal aus. Dort bestelle ich *Dürüm*, ein handlich zusammengerolltes Fladenbrot, reichlich gefüllt mit Hühnchenfleisch, Tomaten, Koriander und einer Reihe mir unbekannter Gewürze. Ich übergieße das Arrangement großzügig mit Zitrone, würze mit Chili nach und bestelle zur Sicherheit einen Tee zum Ablöschen dazu.

Beim ersten Bissen erwacht mein Hungergefühl. Es erinnert mich daran, dass ich seit dem Frühstück in Ceyhan nichts mehr zwischen die Zähne bekommen habe. Folgerichtig bestelle ich ein zweites *Dürüm* und blinzele, als ich es, bedächtiger als das erste, verspeise, von meinem überdachten Plätzchen aus hinaus in die Umgebung. Dort wechseln sich Schatten spendende Olivenbäume mit überschaubaren Maisfeldern ab, hie und da unterbrochen von weidenden Schafen und Ziegen, die wie weiße Tupfer in die Landschaft gesetzt sind. Auf der gegenüberliegenden Seite der Nationalstraße mache ich die Ausläufer eines hügeligen Hinterlands aus. Wie ein Rocksaum zieht sich die Straße an seinem unteren Ende entlang. Der Wind spielt mit Markisen, dreht Blumen nach Süden und macht die Sonne erträglich, die sich die Szenerie ein wenig zu intensiv anschaut. Wie immer sind die beiden, Wind und Sonne, als Team unschlagbar, die Eigenschaften des einen gleichen die Extreme der anderen aus. Nur einzeln sind sie unerträglich, da keiner ihre Leidenschaften kappt.

Ich mache es mir im Plastiksitz bequem, bestelle ohne rot zu werden ein drittes *Dürüm*, genieße das gelegentliche Blöken und Meckern des Weideviehs, fühle die Streicheleinheiten der Sonne auf meiner Brust und bin überhaupt ganz zufrieden mit diesem Tag. Der Restaurantbesitzer, ein blutjunger Kurde mit schwarzem Kraushaar und einem gewinnenden Lächeln, nickt mir wissend zu, und als ich ihn frage, was ich ihm schulde, winkt er ab, zeigt lachend auf Garfield und dann auf meinen Bauch. Von jemandem, der sein Essen – drei *Dürüm*! – so nötig habe wie ich, könne er partout kein Geld verlangen, soll das wohl heißen. Ich bedanke mich überschwänglich, schlendere dann zu Garfield hinüber, der träge in der Sonne döst, und hänge ihm die Reisetaschen an die Seite. Es ist ein Quäntchen weniger heiß als zuvor, was ich als gutes Omen deute. Ich flüstere Garfield zu, dass es jetzt endlich an den Endspurt der gesamten Reise gehe.

Genau davon gehe ich in jenem Moment schließlich noch aus.

Ein weit geöffnetes Möglichkeitsfenster

Entsprechend forsch biege ich in die Nationalstraße ein, die von hier an stramm südwärts führt, tief in das Hatay hinein, das wie ein Wurmfortsatz an der restlichen Landmasse der Türkei hängt. Ich wähne İskenderun, das Final meiner Liegeradreise, in unmittelbarer Nähe. Bei jedem Ortsschild erwarte ich, dass der Name der ersehnten Hafenstadt angezeigt wird. Stattdessen fahre ich an Yeniyurt, Dörtyol, Payas und Karayılan vorbei, ehe ich nach Azganlık, dann nach Sarıseki und schließlich nach Denizciler gelange. Vielleicht sind meine Hatay-Karten ungenau, vielleicht haben arabische Geschichtsprofessoren sie gefälscht, um Gäste in die Irre zu führen, vielleicht liegt İskenderun auch an einem Hang und rutscht unaufhaltsam von mir weg, der syrischen Grenze entgegen?

»Drei, drei, drei«, skandiere ich trotzig. »Bei Issos Keilerei«: Hier ist es gewesen, hier traf 333 vor Christus erstmals ein griechisches Heer unter Alexander dem Großen auf persische Verbände, die von Dareios III. befehligt wurden. Zunächst schritten die beiden Heere die jeweils andere Seite eines Berges entlang unmittelbar aneinander vorbei, ohne etwas voneinander zu ahnen. Als sie schließlich aufeinandertrafen, stürzte sich Alexander in die Schlacht, während Dareios die Flucht ergriff. Alexanders Mut beeinflusste den Kampfausgang entscheidend. Daraufhin geriet der Westteil des persischen Reiches in griechische Hände, Alexander gilt seither als Held.

Auch ich, obwohl mir in Liegepose eher wenig Heldenhaftes anhaftet, würde kämpfen in dieser geschichtlich so bedeutsamen Gegend! Auch wenn sich mein Ziel mit mir zu bewegen scheint, sodass ich ihm nicht näherkomme, präsentieren sich die vierzig Kilometer, die ich auf der Nationalstraße südwärts brause, ungeahnt angenehm. Ein Großteil des Lärms und des Gestanks etwaiger Verkehrsteilnehmer wurde an die parallel verlaufende Autobahn delegiert. Kurz hinter Denizciler biege ich ein letztes Mal von der Straße ab. Einerseits treibt mich der Hunger in ein abseits der Hauptverkehrsroute gelegenes Dorf, andererseits setze ich seit zweieinhalb Stunden meine Strategie fort, die Radtour künstlich zu verlängern, um das Geschenk, als das sich dieser Tag mehr und mehr entpuppt, voll und ganz auszukosten.

Kaum bin ich in einen Feldweg eingebogen, steuere ich ein Tischchen an, um das herum vier Stühle drapiert sind. Ein Orangenbaum spendet dem Ensemble Schatten. Auf zwei der Stühle sitzen Männer im Rentenalter, die sich angeregt unterhalten. Ein dritter, ungleich jüngerer, steht über einen Grill gebeugt, von dem her es verführerisch zu mir herüberduftet. Der vierte Stuhl ist unbesetzt. Ich wittere ein »window of opportunity«, ein Möglichkeitsfenster, das ich nur sachte aufstoßen muss.

Wie erwartet winken mich die beiden Sitzenden heran, kaum dass ich Garfield in der Nähe des Grüppchens abgestellt habe. Ob ich Hunger habe, möchten sie wissen. Ihr Englisch ist melodiös und temperamentvoll. Ich entgegne sinngemäß, dass alles, was sie bisher kannten, lediglich eine Vorstufe des Hungers gewesen sein könne, den ich nun hätte. Daraufhin legt mir der Grillmeister ein saftiges Stück Hammelfleisch auf den Teller, ehe er die beiden anderen und schließlich sich selbst bedient und sich auf den vierten Stuhl setzt. »Willkommen in Kurdistan« bekommt schlagartig eine lichtere Bedeutung für mich.

Was macht ein gutes Gespräch aus? Wen lädt man zu sich an den Esstisch und wen nicht? Was erwartet, was erhofft man sich davon? Geld wie in einem Restaurant kann ich den dreien nicht bieten. Allein der Versuch wäre eine Beleidigung; er käme mir nach dreieinhalb Wochen in der Türkei auch abstrus vor. Unsere sich anbahnende Freundschaft würde dies auf das Niveau einer Geschäftsbeziehung herabsetzen. Dafür habe ich etwas anderes im Gepäck: Ich habe etwas zu erzählen. Meine Gesprächspartner wollen wissen, warum ich mir ausgerechnet ein derartiges Gefährt ausgesucht habe, um gerade durch ihre Region zu fahren. Wie ist es mir unterwegs ergangen, was hat mich stutzig gemacht und was erfreut? Sie wollen durch mich hindurch einen Teil der Welt sehen, der ihnen fremd ist. Das trifft sich gut, denn eben das erhoffe ich mir auch von ihnen! Was uns bevorsteht, ist das klassische Beispiel einer »Win-win-Situation«.

Das alles fasste der Wortführer der Gruppe in der Geste zusammen, mit der er mich an den Tisch geholt hat. Und als das Hammelfleisch auf meinem Teller landet, ist dies die unverblümte Aufforderung an mich, mit der Erzählung zu beginnen. Mit hochgezogenen Augenbrauen, den Rücken entspannt in den Plastikstuhl gedrückt, hört mir der Wortführer zu. Bedächtig wirkt er, erdenschwer, sein Bauch wölbt sich unter dem Hemd. Doch sobald sich mein Gesprächspartner zu einer Geste, einer Grimasse, einer Erwiderung entscheidet, tut er es aus vollem Herzen. Dann ist es, als schieße ansatzlos ein Geysir aus einer behäbig erscheinenden Pfütze. Sein Lachen ist ein Donnergrollen, seine Ausrufe sind vermutlich bis İskenderun zu hören, und wenn er sich auf die Schenkel klopft, zucke ich wie unter einem Peitschenhieb zusammen. Wie so oft geht das Poltern einher mit der bärigen Liebenswürdigkeit eines Mannes, der seiner Sache sicher ist und gerade darum keiner Fliege etwas zuleide tut. Sein Kumpan murmelt indessen vor sich hin; beständig lässt er eine Art Rosenkranz durch seine Finger gleiten. Ergreife ich das Wort, um eine Episode meiner Reise zum Besten zu geben, wendet er mir den Kopf mit einer abrupten Bewegung zu, als wolle er sicherstellen, dass keines meiner Worte auf dem Weg von mir zu ihm verloren geht. Dauert ihm eine meiner Schilderungen zu lang, unterbricht er meinen Gedankengang mit einer Vermutung. Zuweilen wirkt er derart in sich gekehrt, als schwebe er bereits auf halber Strecke zwischen Erde und Himmel.

Die Freundschaft zwischen diesen beiden ist vorprogrammiert: Zwei Nervöse auf einmal, das würde vermutlich rasch zu Streit, zumindest aber zu Aktionismus führen; zwei Faulpelze versänken wohl in Apathie. So aber hält sich alles die Waage, die Eigenschaften sind lediglich ungleich verteilt. Ich stelle mir vor, wie die beiden gemeinsam aufgewachsen sind. Wie der Hibbelige den Erdenschweren zu Mutproben und Lausbubenstreichen überredet hat, die am Ende doch beiden gefielen. Wie der Bedächtige den Höhenflügen des Luftikus ein Fundament verpasste. Keine Frau vermochte diese beiden auseinanderzubringen. Bis heute ahnen sie, dass ohne den jeweils anderen das in ihnen durchbrennen würde, was sie im Übermaß besitzen.

Da ist es kein Wunder, dass der dritte im Bunde, ein Vierzigjähriger mit angegrauten Schläfen, es vorzieht, sich ausgiebig um das Hammelfleisch zu kümmern. Sorgfältig legt er Scheibe um Scheibe davon auf den Grill und serviert mir das jeweilige Ergebnis sichtbar stolz.

Ich lange herzhaft zu und habe kein schlechtes Gewissen dabei. In Deutschland, wo wir allzu oft von Termin zu Termin hetzen und immer bereits zu spät dran sind, wäre meine kaum verschleierte Selbsteinladung ein ärgerliches Schmarotzertum. Ich würfe damit ein Hindernis auf den Weg, der zu Erfolg und Reichtum, jedenfalls zu einem besseren Leben führt, das irgendwann in der Zukunft eintreten wird. Hier hingegen hat man gelernt, den Weg selbst zu genießen. Gerne bleibt man unterwegs stehen, schaut hierhin und dorthin, nimmt Unerwartetes als willkommene Abwechslung wahr.

Anders ausgedrückt: Während ich zuhause, ohne dies wirklich zu wollen, dazu neige, zu »alligatoren« – immer lauernd auf die Gelegenheit, auf die Wende, die mich einer goldenen Zukunft näher bringt –, »schildkrötle« ich in der Türkei vor mich hin wie »caretta caretta«: Ich schnuppere an Kleinigkeiten, nehme fast jedes Gespräch, fast jede Essenseinladung dankbar an und habe am Ende das Gefühl, als Schildkröte ein paar Tapser weiter vorangekommen zu sein als der lauernde Alligator, der sich von vergebenen Chancen umzingelt sieht.

Auch wenn uns die tickende Wanduhr anderes einredet, ist die Zeit in Wahrheit dehnbar. Sie ist keine Linie, die irgendwohin führt, sondern ein Gefäß, das geformt und gefüllt werden kann.

»Diejenigen, welche auf Erden sanftmütig wandeln«

Sind Schildkröten klüger als Alligatoren, kommen sie, stetig und unaufhaltsam, eher ans Ziel? Vermutlich, doch das ist nur ein Aspekt der türkischen Gastfreundschaft. Ein zweiter, den unsere Medien uns beharrlich ausreden wollen, ist der Islam.

»Im Namen der Unbarmherzigen«: Kaum eine Woche vergeht, ohne dass das Fernsehen Gräueltaten aus dem Nahen Osten meldet. In Europa gibt es Parteien, die kaum andere Ziele aufweisen als den »Kampf gegen die Islamisierung«. Dabei leben in Deutschland über drei Millionen

Muslime seit Jahrzehnten so friedlich, dass man sie im Alltag kaum wahrnimmt.

Auch die Blütezeit orientalischer Kunst und Kultur unter dem Kalifen Harun ar Raschid (786–809), in der die »Geschichten aus Tausendundeiner Nacht« entstanden sind, bringen wir kaum mit dem Islam in Verbindung. Zwar kennen wir die Abenteuer von Sindbad dem Seefahrer, Ali Baba und den vierzig Räubern, Aladin und der Wunderlampe, die Scheherazade in »Tausendundeiner«, also: unendlich vielen Nächten, König Schahrayâr erzählt. Nicht bewusst machen wir uns jedoch, dass eine islamische Gesellschaft den Nährboden hierfür gelegt hat.

Ebenso blenden wir gerne aus, dass wir die verlorengegangene griechische Philosophie und Wissenschaft einst über die arabischen Übersetzungen wiederentdeckt haben, und dass viele der Wörter, die wir tagtäglich verwenden, arabischen Ursprungs oder zumindest über das Arabische zu uns gelangt sind: von »Alkohol« und »Giraffe« über »Magazin« und »Matratze« bis »Sofa« und »Zucker«. Dass wir »arabisch« zählen, erkennen wir daran, dass wir es, anders als die Franzosen und Italiener, von rechts nach links tun: wir sagen »sechsundzwanzig« und nicht »zwanzigsechs« wie im Lateinischen.

Unsere partielle Geschichtsblindheit mag daran liegen, dass uns die meisten muslimischen Bräuche fremd geblieben sind. Ausgerechnet Abraham, der bereit war, seinen Sohn zu opfern, soll der »erste Muslim« gewesen sein? Die Schönheit der Frauen muss von Schleier und Burka gefangen gehalten werden? Und als Höhepunkt im Leben eines Muslims gilt, in Mekka siebenmal um einen Meteoritenrest zu kreisen? Da bleiben wir doch lieber bei unserem bekannten, der Nächstenliebe verpflichteten Christentum, das keine dergestaltigen Abstrusitäten aufweist. Gut, der Gedanke, dass ein göttliches Wesen etwas derart Menschliches wie einen Sohn überhaupt haben kann, erscheint schon seltsam. Hat Er dann auch eine Kusine und eine Schwiegermutter? Die Erbsünde, das Fegefeuer und die fleischliche Auferstehung auf ewig sind ebenfalls nicht unmittelbar einleuchtend. Und wenn Katholiken meinen, mit der Hostie tatsächlich ein Stück des Leibes Jesu zu sich zu nehmen, macht sie das dann nicht zu Kannibalen?

Es sind aber gerade solche Rätsel und Reibungsflächen, die Religionen anziehend machen. Erst wenn wir die Hürde menschlicher Logik übersteigen, kommen wir in religiöse Gefilde und damit: zum Absoluten. Was könnte ein Prophet, käme er heute auf die Erde, nach Abraham und Jesus denn noch tun? Zwei seiner Söhne opfern, sich selbst ans Kreuz nageln? Es gibt doch keine größere Geste als diese, und eine Lehre, die sich mit weniger als dem Absoluten zufrieden gibt, ist keine Religion, sondern eine Philosophie.

Eben diese Unbedingtheit macht Außenstehenden Angst. Sie lädt zur Abgrenzung ein. Was die Muslime betrifft, so fängt es schon bei den Namen an. »Ibrahim«, »Yussuf« und »Süleyman«: Wie furchterregend fremd klingt das! Schaut man diese Wörter aber nur zehn Sekunden lang an, erkennt man den »Abraham« aus dem Alten Testament, Marias Mann »Josef« und den jüdischen »Salomon«. Vielleicht taucht man ein wenig in die Sprache ein und erfährt, dass »Abd« so viel bedeutet wie »Diener«. »Abdallah« ist demzufolge nichts anderes als ein »Diener Gottes«. Bei weiblichen Vornamen kennt das Hingerissensein kein Halten mehr: *Almıla* bedeutet »Der rote Apfel«, *Birgül* ist die »Rose«, *Hilal* die »Mondsichel« und *Çağla* die »leuchtende Haut«. Lediglich *Yeter*, vermutlich die jüngste mehrerer Schwestern, müsste sich Gedanken machen: Ihr Name bedeutet übersetzt »Es reicht«! Sobald man etwas über die Bedeutung türkischer Namen erfährt, verlieren diese ihren Schrecken.

Das trifft in abgeschwächter Form auch auf den Koran zu – sehr zum Missfallen Arthur Schopenhauers, der sich in seinem Hauptwerk »Die

Welt als Wille und Vorstellung« wundert, dass »dieses schlechte Buch« hinreichend war, eine Weltreligion zu begründen: »Wir finden in ihm die traurigste und ärmlichste Gestalt des Theismus (…) ich habe keinen einzigen wertvollen Gedanken darin entdecken können.«. Karl Marx assistiert ihm, indem er vom Koran behauptet: »Er schafft einen Zustand permanenter Feindschaft zwischen Muselmanen und Ungläubigen«. Und Martin Luther will uns vor Augen führen, »was für ein verfluchtes, abscheuliches und erbittertes Buch dies ist, voll von Lügen, Fabeln und Gräueln«.

Der Koran macht es seinen Feinden leicht; Mord- und Kriegsaufrufe sind massenhaft darin zu finden. Hier eine Auswahl:

»Und wenn nun die heiligen Monate abgelaufen sind, dann tötet die Heiden, wo ihr sie findet, greift sie, umzingelt sie und lauert ihnen überall auf.« (Sure 9, Vers 5)

»So haut ein auf ihre Hälse und haut ihnen jeden Finger ab.« (Sure 8, Vers 12)

»Und so sie den Rücken kehren, so ergreifet sie und schlagt sie tot, wo immer ihr sie findet.« (Sure 4, Vers 89)

»Und kämpfet wider sie, bis kein Bürgerkrieg mehr ist und bis alles an Allah glaubt.« (Sure 8, Vers 39)

Gern werden solche Verse isoliert betrachtet. Dabei wird ausgeblendet, dass direkt vor und hinter ihnen ganz andere Botschaften stehen:

»Wenn sie (…) euch Frieden anbieten, so gibt euch Allah keinen Weg wider sie.« (Sure 4, Vers 90)

»(…) wer eine Seele ermordet, ohne dass er einen Mord oder eine Gewalttat im Lande begangen hat, soll sein wie einer, der die ganze Menschheit ermordet hat.« (Sure 5, Vers 32)

»Sind sie aber zum Frieden geneigt, so sei auch du ihm geneigt und vertrau auf Allah.« (Sure 8, Vers 61)

»(...) die Diener des Erbarmers sind diejenigen, welche auf Erden sanftmütig wandeln; und wenn die Toren sie anreden, sprechen sie: Frieden!« (Sure 25, Vers 63)

Was gilt nun aber? Wie passen die Kriegsschreie zum Friedensgebot? Nun, in etwa wie die biblische Prämisse »Auge um Auge, Zahn um Zahn« zum Gebot, einem Angreifer auch die linke Wange hinzuhalten. In beiden Fällen handelt es sich um Übersetzungen und damit zwangsläufig um Interpretationen des arabischen und hebräischen Originaltextes. Auf die Auslegung und den historischen Kontext kommt es an und darauf, welche Textpassagen man auf welche Weise mit seinem Tun verknüpft.

Ebenso interessant wie im »Westen« weitgehend unbekannt ist beispielsweise, dass mehrere Vorschriften des Koran die Frauen der damaligen Zeit nicht etwa unterdrückten, sondern emporhoben. »Diejenigen, die ehrbare Frauen verleumden und dafür nicht vier Zeugen beibringen, die peitscht mit achtzig Hieben aus« (Sure 24, Vers 4): Vor anderthalbtausend Jahren, als Frauen kaum mehr als Sklavinnen waren, stellte dies einen ungeheuerlichen Fortschritt dar. In derselben Sure wird den Männern (!) ins Gewissen geredet, »dass sie ihre Blicke niederschlagen und ihre Scham hüten sollen«. An die Frauen gewandt vermerkt Sure 24 lediglich: »Sie sollen ihr Tuch über den Halsausschnitt schlagen«. Das damals gängige Umschlagtuch bedeckte den Kopf, nicht aber das Gesicht; von einem »Schleier« spricht der Koran an keiner Stelle.

Der Koran wird weniger sperrig, wenn man ihn nicht wie ein Buch von vorne nach hinten liest. Die längsten seiner 114 Suren stehen am Anfang; die hinteren sind aber früher entstanden, als Mohammed noch in Mekka und nicht in Medina war. Vielleicht hat Abul Kasim Muhammad Ibn Abdallah – Mohammed, das »Siegel der Propheten« und damit nach islamischem Glauben der letzte seiner Art – seinen Jüngern ja den richtigen Umgang mit der Religion nahezubringen versucht, als er ihnen der Überlieferung zufolge empfahl, eigenständig zu sein und sich zunächst um andere, dann erst um sich selbst zu kümmern: »Erst binde dein Kamel an, dann vertraue auf Gott.«

Soviel Pragmatismus täte gut – den Pauschalhassern in Europa und denen, die am meisten unter dem »islamischen Terror« leiden: den Muslimen selbst. Der »Kampf der Kulturen« findet hauptsächlich auf der Arabischen Halbinsel, in Nordafrika, Indonesien und in der Türkei statt. Die Zerreißprobe zwischen Moderaten und Strenggläubigen verschärft sich dort durch die Abgrenzung der Schiiten von den Sunniten. Während Erstere auf die Erbfolge setzen, auf »Imame«, Nachfolger Mohammeds, legten Letztere die Macht in die Hände von »Kalifen«, gewählten Oberhäuptern. In der Türkei herrscht vor allem die sunnitisch-hanefitische Rechtsschule vor, die als gemäßigt gilt und sufistische Elemente nicht per se verdammt. Wer könnte angesichts dieser Komplexität noch ernsthaft von »den Moslems« sprechen?

Wo aber sind die gemäßigten muslimischen Intellektuellen, die ihre Stimme wider die Hundertprozentigen erheben? Hier sind sie: Im Jahr 2007 beispielsweise forderten Muslime in Sankt Petersburg in einer kontrovers diskutierten Deklaration, die es nicht in die deutschen Medien geschafft hat, die Abschaffung der Scharia und aller islamisch begründeten Todesstrafen, die Einhaltung universeller Menschenrechte und die Gleichberechtigung von Mann und Frau in islamischen Ländern. Damit griffen sie Forderungen auf, die ein Jahr zuvor unter anderem Salman Rushdie und Bernard-Henri Lévy in der französischen Satirezeitschrift »Charlie Hebdo« veröffentlichten. Diese wiederum reagierten auf Drohungen, die nach der Veröffentlichung mehrerer Mohammed-Karikaturen aufkamen. Doch wer wird das Tauziehen gewinnen, in muslimischen wie in nichtmuslimischen Ländern: die gemäßigt Religiösen, die allzu Überzeugten oder die Atheisten?

Ich habe keine Ahnung, und meine drei Esskameraden wissen es wohl ebenso wenig. Wohlig »schildkröteln« wir vor uns hin, und kein Aspekt des Islam, des Christentums oder des Atheismus spielt dabei eine Rolle. Die Geisterdebatten, die, gerne aufgewärmt und mit Pfeffer versehen, durch die Medien ziehen, sind weit weg. Hier und jetzt ist nur wichtig, was real ist: ein hungriger Liegeradfahrer, drei neugierige Grillmeister und eine gute Gelegenheit. Auf dieser Grundlage, fernab von Theorien und nahe am Leben, kann ein von Respekt und Offenheit getragenes Gespräch stattfinden, einfach so, aus dem Nichts heraus – und das, so bin ich im Verlauf meiner Reise immer überzeugter, passiert leichter in der Türkei als in Deutschland.

Champagner im Blut

Gestärkt fahre ich weiter. Nach wenigen Pedalumdrehungen tauchen die Fabrikschornsteine von İskenderun auf, als hätte des Schicksal zuvor nur noch darauf gewartet, mir ein letztes Mal die türkische Gastfreundschaft zu demonstrieren. Die Straße taucht ab und wirft sich der Stadt entgegen; ein letztes Geschenk, eine finale Hilfestellung auf meiner Fahrt durch die Türkei. Bei fünfunddreißig Grad Celsius und strahlendem Sonnenschein rausche ich in İskenderun ein.

Wie nur konnte ausgerechnet diese Stadt – verschandelt von Schwerindustrie, von US-Truppen zum Übungsplatz von Kampfjets degradiert – für mich zum verheißungsvollen Ziel meiner Türkeitour werden? Außer einem zarten Grünstreifen an der Küste und einigen verwinkelten Gassen, deren robuster Charme abends kurz aufleuchtet, gibt es in İskenderun wenig zu sehen. Es ist kein Genussort wie La Rochelle, Start und Ziel meiner Frankreichumrundung per Postrad, keine landschaftliche Wucht wie Finis Terrae, wohin ich nach meiner Jakobswegwanderung gelangte, keine pulsierende Megacity wie Singapur, das ich von Laos aus per Fahrradriksha erreichte, und kein topografischer Endpunkt wie das Schwarze Meer, wohin ich die Donau entlangpaddelte.

Warum İskenderun? Warum diese Stadt, die es eigentlich nur gibt, weil die Region, eingeklemmt zwischen dem Meer und den Amanosbergen, als Flaschenhals zwischen Kilkien und Syrien strategisch bedeutend ist? Darum nämlich gründete Alexander der Große, auf türkisch *İskender*, die Siedlung nach seinem Sieg bei Issos. Die Stadt İskenderun, »Alexanderstadt«, befindet sich etwa fünfunddreißig Kilometer südlich des damaligen Kampfplatzes.

Warum also İskenderun? Es war dieser Tag, der sich nun, da ich wohlbehalten angekommen bin, mit einem letzten rotgelben Aufleuchten am Westhimmel verabschiedet. Niemals zuvor waren die Umstände auf meiner Reise so gut gewesen wie heute. Niemals zuvor hatte ich nach einem Motivationseinbruch so viel Kraft und Energie geschöpft. Niemals zuvor hatte ich auf meinen Reisen so deutlich das Gefühl, angekommen zu sein. Genau so sollen sie enden, meine abenteuerlichen Reisen mit außergewöhnlichen Vehikeln. So und nicht anders sollen meine Sporttouren ihr krachendes Finale erhalten. Dieser Tag ist ein Geschenk, das ich dankbar annehme. Als ich mich ins Hotelbett kuschele, merke ich, wie mir Champagner ins Blut schießt.

Eine Hürde aber muss ich doch noch nehmen, eine letzte Prüfung bestehen. Den folgenden Vormittag verbringe ich mit Erkundigungen in İskenderun, dann weiß ich, dass ich nach Antakya gehen muss. Dort werde ich mich von Garfield verabschieden und ihn per Post nach Hause schicken. Noch ein geschichtlich und religiös aufgeladener Ort: Antakya, die Hauptstadt des Hatay, wurde auf den Ruinen von Antiochia gebaut und damit auf den Fundamenten des Christentums selbst. »In Antiochia wurden die Jünger Jesu zum ersten Mal Christen genannt«, weiß die

Apostelgeschichte. Christlichen Quellen zufolge schrieb Matthäus hier das Evangelium; die Petrusgrotte wurde vom Vatikan zur ältesten Kirche der Christenheit erklärt.

Heute ist Antakya eine reizvolle Stadt mit geräumigen Parkanlagen und einer spannenden Mischung aus Muslimen, Juden, Christen und Alawiten. Gemächlich schlendere ich den Orontes entlang, dessen Wasser die Stadt in einen alten und einen neuen Bereich teilt. Quirlig, jung und freizügig präsentiert sich Antakya: Frauen mit engen Hosen, Nagellack und Absätzen staksen um Händchen haltende Paare herum, aus den Kneipen tönt Musik, Verkäufer preisen ihre Waren an. Wie überall, wo sie hinkamen, hinterließen die Franzosen auch in Antakya ausladende Alleen, trinkbaren Kaffee und eine gewisse Leichtigkeit, eine »art de vivre«. Ich lasse mich von der ausgelassenen Stimmung in den Stadtpark führen. Dort setze ich mich auf eine Bank, stelle Garfield vor mich hin und betrachte ihn lange. Arg ramponiert und zerzaust ist er, zugleich aber strömt er – vor allem wenn er steht statt fährt – einen ungebrochenen Stolz aus. Immerhin hat er mich trotz aller Blessuren und Streikversuche von İzmir aus wohlbehalten bis hierher gebracht. Nun denn, alter Freund, die Zeit des Abschieds ist gekommen.

Das glaube ich zumindest, als ich den Stadtpark von Antakya verlasse. In meinem Leben habe ich manche Herausforderung gemeistert, zuletzt eine vierwöchige Liegeradfahrt von İzmir bis hierher. Doch die vor mir liegende gehört zu den größten: Erklären Sie mal einem Postangestellten in Südanatolien, dass Sie ein Liegerad verschicken wollen. Auf Türkisch. Am liebsten per Einschreiben, und zwar in eine tschechische Kleinstadt, in der die Firma AZUB ihren Sitz hat.

Kaum stelle ich Garfield vor dem Postamt von Antakya ab, bildet sich eine Menschenschar um ihn herum. Ein letztes Mal darf er sich als Star fühlen, der sich dazu herablässt, sich seinen Fans zu zeigen. Ich hingegen gehe in das Gebäude, fasse mir ein Herz und trete dem Schalterbeamten gegenüber. Ein Fahrrad also, kein Problem, befindet er, dafür gebe es spezielle Kartons ... Nein, nein, winke ich ab, am besten sehen Sie selbst.

Als sich die Menschentraube teilt, überkommt den Postangestellten ein Lachkrampf. Schon treten seine drei Kollegen hinzu. Zu viert drücken sie an Garfield herum. Sie zwicken ihn in die Räder, klopfen prüfend auf den Lenker, drehen an der Gangschaltung und montieren die Satteltaschen ab und wieder an. An Derartiges bin ich mittlerweile gewöhnt. Auf einmal aber kommt es mir vor, als hätte ich vier Kinder vor mir, die dankbar mit der Eisenbahn spielen, die der fremde Kerl in ihre Stadt gebracht hat.

Fünf Minuten schaue ich mir das Schauspiel an, gebe Erklärungen zu Garfields Funktionsweise ab und erzähle Einzelheiten meiner Reise. Dann wage ich einzuwerfen, dass ich Garfield gern noch heute verschicken möchte.

Verschicken? Dieses Ding da? Da bräuchte ich aber zunächst mal einen passenden Karton. Den bekäme ich im Industriegebiet.

Als ich anderthalb Stunden später zurück bin, habe ich drei überdimensionierte Kartons im Schlepptau, die ich zerschneide und zu einem Riesenpaket zusammenklebe. Vor den Augen der staunenden Menge baue ich Garfield auseinander. Ich zerlege ihn in Einzelteile – ganz so, wie ich ihn in Izmir aus dem Karton geholt hatte – und füge reichlich Schaumgummi hinzu, das mir die Postangestellten reichen. Das sehe sehr gut aus, befinden sie, als ich das Paket zuklebe. Leider schließe die Postfiliale nun. Ich könne den Karton aber gern hier lassen und morgen abschicken. Ob sie mir beim Hineintragen behilflich sein könnten?

Im Hamam von Antakya

Wie verhält man sich angesichts einer solchen Auskunft? Wie sorgt man dafür, dass man am nächsten Tag die Contenance bewahrt, wenn einem die vier Postangestellten erneut unter die Augen treten? Man braucht Entspannung. Also entscheide ich mich dafür, eine echt osmanische Prozedur über mich ergehen zu lassen.

Der Hamam von Antakya unterscheidet sich wohltuend von jenen, die Touristen an der türkischen Riviera oder in İstanbul besuchen können. Er kostet einen Bruchteil dessen, was während meiner Reise in den »authentic turkish baths« ausgeschildert war. Ursprünglich war der Hamam ein erschwingliches Vergnügen der sozial Benachteiligten, die kein eigenes Bad zuhause hatten. In diesem Fall der Männer, da Frauen hier keinen Zutritt haben. Seit den Römern befindet sich an dieser Stelle in Antiochia/Antakya ein Hamam; das Ritual hat sich seither nicht sonderlich verändert.

Zögerlich betrete ich einen etwa zwanzig auf zehn Meter großen Raum, in dessen Wände Nischen eingelassen sind. Jemand, vermutlich eine Art Bademeister, reicht mir ein Tuch. Aha, dann stellen die Nischen wohl so etwas wie Umkleidekabinen dar. Ich entscheide mich also für eine davon, ziehe mich aus und binde mir das Tuch um die Hüfte. Hoffentlich ist das in meiner Lage das richtige Vorgehen. Vorsichtig luge ich in die anderen Nischen hinein. Außer mir und dem Bademeister sind vier weitere Männer im Raum. Zwei sind angezogen und unterhalten sich lebhaft. Die anderen beiden haben jeweils eine Nische bezogen, sie tragen das Tuch um die Hüfte gebunden. Die erste Aufgabe habe ich also mit Bravour erfüllt.

Wie aber geht es von hier aus weiter? Die beiden Angezogenen unterhalten sich prächtig, die Tuchträger machen einstweilen keine Anstalten, ihre Nische zu verlassen, und der Bademeister hat sich dezent zurückgezogen. Irgendwann tritt einer der Männer aus seiner Nische und verschwindet in einem Nebenraum. Vermutlich muss er mal, denke ich bei mir, und überhaupt, wenn das nun also der Hamam sein soll, für den ich ganze drei Euro fünfzig ... Erst als der zweite Tuchträger wenige Minuten später ebenfalls in denselben Nebenraum geht, merke ich, dass es dort wohl weitergehen muss. Ich gebe mir einen Ruck und öffne die Tür.

Direkt dahinter beginnt eine Art Tropfsteinhöhle, ein lang gezogener Raum aus Stein, dessen Wände fließend ins Dach übergehen. Von irgendwoher tropft unablässig Wasser. Die beiden Männer liegen ausgestreckt auf einer Marmorplatte. So macht man das also. Na, dann setze ich mich eben auch darauf und ... Aua! Wie halten die beiden das nur aus? Wie oft muss man hierher kommen, bis man sich genüsslich auf einer gigantischen Kochplatte aus Marmor räkeln kann? Kleinlaut lege ich mich an den Rand des heißen Steins. Obwohl es dort wesentlich kühler ist als in der Mitte, beginne ich ansatzlos, aus allen Poren zu schwitzen. Erst nach einigen Minuten kommt mir meine Lage angenehm vor. Den Hamam verorte ich zwischen finnischer Sauna und Dampfbad. Zunächst unwillig, dann zustimmend schließe ich die Augen und schlummere ein.

Irgendwann schrecke ich hoch und blicke mich um. Die beiden Männer sind verschwunden. Verdammt, jetzt sind meine Anhaltspunkte weg! Sei's drum, dieses Hamam-Ding ist ohnehin nicht so ganz nach meinem Geschmack. Wenn das nun alles sein soll, wobei ich doch ganze drei Euro fünfzig ... Plötzlich tippt mir jemand auf die Schulter. Ich setze mich auf und merke im selben Augenblick, dass ich mitten auf der heißen Marmorplatte bin. Wie bin ich nur dorthin gekommen? Vermutlich bin ich erneut kurz eingenickt. Kein Wunder, das Auseinanderschrauben und Verpacken von Garfield war anstrengend. Vor mir steht ein untersetzter und trotzdem drahtig wirkender Mann. Mit durchdringendem Blick sieht er mich an. Dann winkt er mich nach türkischer Art zu sich – mit der Handfläche nach unten, wie ich es von Südamerika kenne. Habe ich etwas falsch gemacht? War ich zu lang auf der Marmorplatte? Schließt der Hamam für heute? Langsam stehe ich auf und folge dem Untersetzten in einen weiteren Nebenraum.

Mit einem Kopfnicken bedeutet er mir, mich auf den Rücken zu legen und die Arme über den Kopf zu heben. Bislang haben wir kein Wort miteinander gewechselt. Ich schiebe es darauf, dass er sich vor mir keine Blöße geben will, indem er englische Bruchstücke zum Besten gibt. Erst als er auf seinen Mund und auf seine Ohren zeigt und dabei abwehrende Handbewegungen macht, verstehe ich. Der Masseur des Hamams von Antakya ist taubstumm. Unwillkürlich muss ich lächeln, als mir diese Einsicht kommt. Befand ich mich in den vergangenen vier Wochen doch in ziemlich genau derselben Lage! Setzte ich doch hauptsächlich Mimik und Gestik ein, um mich verständlich zu machen! Ein wenig musste ich auf die Leute, denen ich unterwegs begegnet bin, wie dieser Masseur gewirkt haben: unfähig zwar, sich in ihrer Sprache auszudrücken, trotzdem aber sehr wohl fähig zu kommunizieren.

Denn das tut er: Der Masseur weiß sich zu helfen. Mit seinem durchbohrenden Blick erfasst er Situationen im Bruchteil einer Sekunde. Eine Wachheit, eine Präsenz liegt in seinen Augen, die mehr ausdrückt als lange Erklärungen. Seine Mimik, seine Gesten hat er derart optimiert, dass mir in keinem Moment unklar ist, was er von mir verlangt. Jetzt verdeutlicht er mir, dass ich noch kurz warten müsse, da er sich zunächst um einen anderen Gast zu kümmern habe. Zehn Minuten später ist er zurück.

Die Schwitzkur auf der Marmorplatte hatte lediglich den Zweck, die Poren der Haut zu öffnen. Das wird mir schlagartig bewusst, als der Masseur mit der rechten Hand in einen überdimensionierten Waschlappen schlüpft und mit Nachdruck meine Haut abrubbelt. Bei der ersten Berührung fahre ich zusammen, der Waschlappen fühlt sich an wie Schmirgelpapier. Bald aber genieße ich, dass meine oberste Hautschicht rot wird. Meine Durchblutung wird angeregt; ich spüre Kräfte, die sich in verborgenen Ritzen meines Körpers versteckt gehalten haben müssen. Der Masseur reibt nun kräftig meine Brust und den Bauch, dann den Rücken und schließlich Arme und Beine ab. Noch einmal verlässt er mich, bedeutet mir aber, liegen zu bleiben.

Vielleicht eine Maßnahme, um der Haut ein wenig Ruhe zu gönnen, denke ich. Nach fünf Minuten setze ich mich auf. Puh, das war nicht schlecht! Dann also noch einen schönen Tag und danke für die Massage. Schon will ich aufstehen, da kommt der Masseur zurück und bedeutet mir abermals, mich auf den Rücken zu legen. Hatten wir das nicht gerade erst? Nun aber bemerke ich, dass er lediglich ein Stück Seife geholt hat. Die wickelt er in einen grobmaschig gewebten Schwamm. Er fordert mich noch rasch auf, die Augen zu schließen, dann schüttet er mir einen Waschkübel über den Kopf.

Moment mal, was ist das denn jetzt … Doch schon hat er meinen Arm ergriffen, dann werde ich von oben bis unten eingeseift, abgerieben, langgezogen und durchgeknetet. Ich werde gedreht, verbogen, hin und her geschoben und nach allen Regeln der Kunst durchgewerkelt, ehe mir der Masseur erneut einen Eimer Wasser über den Kopf schüttet. Dann darf ich gehen. Er zeigt auf die Duschkabine, in der warmes und kaltes Wasser aus je einem Wasserhahn laufen. Ich fülle eine bereitstehende Schale und werfe ein Stück Seife hinein, dann plantsche und pruste ich gut zehn Minuten. Am Ende fühle ich mich gereinigt wie niemals zuvor in meinem Leben. Ich binde mir den durchnässten Lendenschurz um und gehe zurück in den Eingangsbereich. Der Bademeister reicht mit zwei Handtücher, mit denen ich mich in meine Wandnische zurückziehe.

Als ich eben umgezogen bin, kommt der Taubstumme in den Eingangsbereich. Er setzt sich mir gegenüber in die Nische und öffnet einen Korb mit Fladenbrot und Kartoffeln. Als er meinen neugierigen Blick bemerkt, lädt er mich ein, mitzuessen. Ich zupfe ein wenig Brot ab, möchte ihn aber nicht um sein Essen bringen, für das er wohl eine Stunde lang kneten und rubbeln muss. Stattdessen runde ich das Eintrittsgeld – einen Witzbetrag, den eine ausgebildete deutsche Masseuse in fünf Minuten erhält – großzügig auf und verlasse das Steingebäude nach knapp zwei Stunden, porentief erholt.

Nach Tschechien, *inşallah*

»Dreieinhalb Kilogramm, *effendi*. Wenn ich es Ihnen doch sage: Ihr Paket ist dreieinhalb Kilogramm zu schwer.«

Der Postangestellte lässt nicht mit sich verhandeln. Der gestern Nachmittag so sorgfältig gepackte Karton übersteigt das Maximum eines zulässigen Paketes um dreieinhalb Kilogramm. Also borge ich mir ein Tapetenmesser, ritze den Karton an einer Seite auf und hole unter Protest das Hinterrad, die abgeschraubten Pedale und eine Satteltasche heraus. Wo bekomme ich dies alles jetzt unter? Ein zweiter Karton muss her. Den bekomme ich im Laden eines Freundes zweier Freunde des Cousins des Postangestellten, mit dem ich am hartnäckigsten verhandele. Während ich zwei Straßen weiter den Karton erwerbe, machen die vier Postangestellten, die ich inzwischen namentlich kenne, erst einmal Mittagspause.

Gegen drei Uhr nachmittags ist es soweit: Die beiden Kartons sind zugeklebt, gewogen und für gut befunden worden. Jetzt kommt der Moment, vor dem ich mich seit einigen Tagen am meisten fürchte.

»Wo soll das alles denn jetzt hingeschickt werden, *effendi*?«

»Nach Tschechien.«

»Wohin bitte?«

»Nach T-s-c-h-e-c-h-i-e-n, the czech republic, Tschecheslovakia.«

»Ein solches Land gibt es nicht.«

»Ähm, ich denke schon. Vor einigen Jahren bin ich dort gewesen. Prag ist wunderschön, das Essen in Böhmen ein Gedicht.«

»Liegt dieses Tschechien vielleicht in Deutschland?«

So komme ich nicht weiter. Zu dumm, dass ich nicht weiß, was »Tschechien« auf Türkisch heißt. Ich versuche, das Zielgebiet einzukreisen und verlange Papier und Stift.

»Also, hier ist Europa, in Ordnung? Dann haben wir hier Ungarn, Hungaria, Hungary. Nordwestlich davon ist P-o-l-e-n. Und dazwischen liegt ...«

»*Çek Cumhuriyeti*«

»Bitte was?«

»*Çek Cumhuriyeti*, das ist das Land, das du suchst.«

Endlich ist der Groschen gefallen.

»Oh ja, dorthin kehrt Garfield jetzt zurück!«

»Wer?«

»Nicht wichtig. Bitte schicken Sie einfach die beiden Pakete dorthin.«

Wehmütig blicke ich Garfield hinterher, als er ein Einschreibe-Etikett auf seine Kartons geklebt bekommt und anschließend in den Frachtraum des Postamts gebracht wird. Er wird schon wohlbehalten in Tschechien ankommen, *inşallah*.

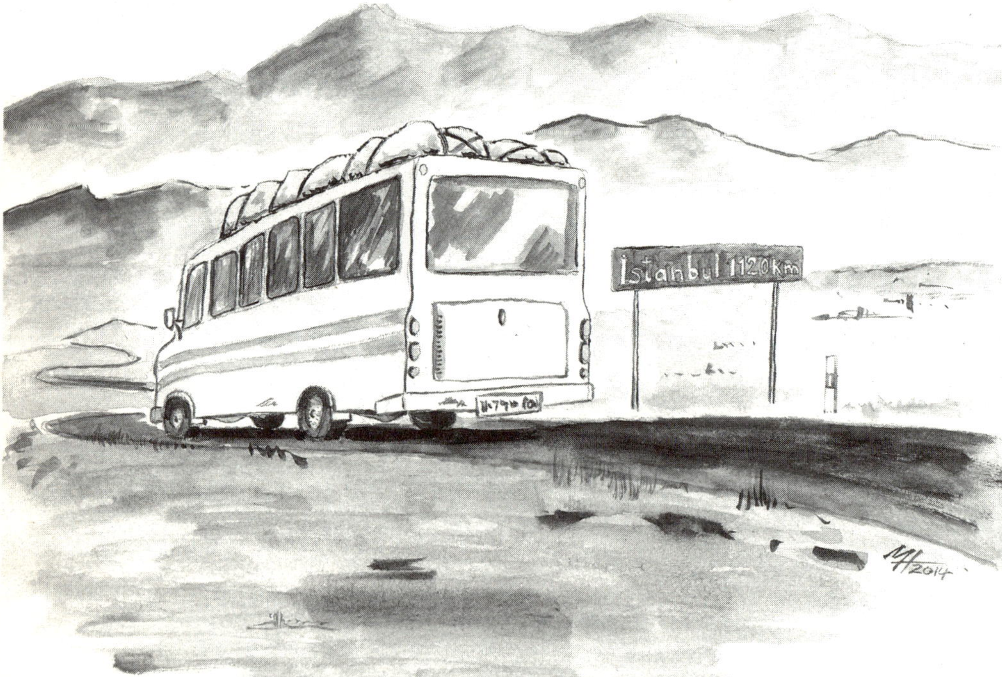
İstanbul 1120 km

NACHTRAG

Die Fahrt nach İstanbul

In einem wunderbar wankenden Bus fahre ich İstanbul entgegen, seit fünf Stunden schon. Schemenhaft rauscht Landschaft an den Fenstern vorbei, braun und grün und wieder braun. Der Bus schlingt Mittelstreifen in sich hinein. Wenn die Straße ansteigt, spanne ich unwillkürlich die Muskeln an, bergab lehne ich mich in den Sitz zurück. So habe ich es in den hinter mir liegenden Wochen gehandhabt. Als mir klar wird, dass ich in Gedanken noch immer auf meiner Radreise bin, lache ich auf, sodass mein Sitznachbar zusammenzuckt. Dann werde ich sehr ernst.

Diese war die letzte meiner Reisen mit außergewöhnlichen Fahrrädern. Ich habe die Möglichkeiten ausgereizt und meinen Schutzengel mehr als einmal gehörig ins Schwitzen gebracht. Der Tag aber, an dem ich von Ceyhan nach İskenderun fuhr, war ein Fanal. Nach einem solchen Geschenk muss man anders weitermachen. Die Zukunft ist offen – wer weiß, vielleicht nehme ich ja mal etwas so Naheliegendes wie einen Bus?

In der Türkei ist Busfahren angenehm und erschwinglich. Ein *Dolmuş* brachte mich von Antakya nach İskenderun, ein Minivan weiter nach Adana. Dessen Fahrer bat mich nach vorn; er war erpicht darauf, sein Deutsch anzuwenden. In Adana angekommen, nutzte er seine zehnminütige Pause, um mich an Dutzenden Minivans vorbei über den Bahnhof zu begleiten und mich in den richtigen Reisebus zu setzen, der mich zu »Adanas großem Busbahnhof« bringen sollte. Von dort aus würde ich weiterkommen, über Kappadokien nach İstanbul. Kurz vor der Abfahrt hechtete er noch schnell in einen Kiosk. Er wird sich ein paar Kekse für die Weiterfahrt kaufen, dachte ich. Stattdessen enterte er den bereits fahrbereiten Bus, in dem ich saß, drückte mir eine Fahrkarte in die Hand und legte eine Flasche Wasser auf den Sitz neben mir. »Für die Deutschstunde«, sagte er. Behände sprang er aus dem Gefährt und ließ mich sprachlos vor Freude zurück.

Was hatte er davon, dass er mir half? Ich konnte den Gefallen nicht erwidern, wir würden uns niemals wiedersehen. Meine Zufriedenheit war ihm Lohn genug – und die Gewissheit, einem Fremden in seinem Land geholfen zu haben. Vor diesem Hintergrund schauen wir besser nicht zu genau hin, wie wir mit den knapp zwei Millionen Türken umgehen, Nachfahren der Gastarbeiter, die wir einst nach Deutschland gelockt haben.

Die Türkei ist nicht bloß ein Land, sie ist eine Welt. Eine Welt, hinter der sich weitere, bereits vergangene Welten verbergen. Kaum anderswo kann man das Geschichtsbuch so weit zurückblättern wie hier. In seinen famosen »Türkischen Tagebüchern« setzt sich Klaus Reichert unter anderem mit den »akeramischen« Stämmen auseinander, die während der Steinzeit im Gebiet der heutigen Türkei umherzogen – also noch nicht hier »siedelten« und noch keine Keramik herstellten. Eine grandiose Bezeichnung für ein Volk, das vor einem Paradigmenwechsel lebte! Vielleicht werden unsere Kinder unseren Großeltern ein ähnliches Wort schenken – nur sind jene natürlich nicht »akeramisch«, sondern »offline«.

Da viele der großen Erzählungen vor Erfindung des Buchdrucks spielen, sind wir auf Mutmaßungen angewiesen. Gab es Homer überhaupt, hat er die »Ilias« geschrieben und die »Odyssee«? Ging Krösus wirklich dem Orakel von Delphi auf den Leim, nicht wissend, dass es sich bei dem »großen Reich«, das er im Krieg »zerstören« würde, um sein eigenes handelte? Lernte Heraklit in Ephesos die buddhistische Heilslehre kennen, starb Maria im *meryem ana evi*, warf Nikolaus in Myra Goldklumpen durch den Kamin? Wir wissen es nicht, und eben daraus ziehen die alten Legenden ihre Kraft. Wie viel schöner ist es, fantasievolle Geschichten erzählt zu bekommen, als Fakten zu büffeln! Die Türkei, durchtränkt von Jahrtausenden, ist wie gemacht für Schriftsteller, für Neugierige und Geschichtenjäger. Seit über sechshundert Generationen erzählt sie verlässlich von außergewöhnlichen Ereignissen, die das Selbstbild Europas prägen.

Umso schöner ist es, dass sich die Türken bei aller Geschichtslastigkeit eine wohltuende Einfachheit erhalten haben. In Deutschland bauen wir komplizierte Autos, verschmelzen Wörter zu Kunstgebilden, schaffen Regelgeflechte und stellen Fahrkartenautomaten auf, die auch Einheimische nicht bedienen können. Die Unart, nach einem gemeinsamen Essen einzeln abzurechnen, den Bezahlvorgang also zu verkomplizieren, wird in der Türkei *alman usulü* genannt: »deutsche Sitte«. Hier haben die Autos selten Scheibenwischer für die Vorderlichter, aber sie fahren. Die Sprache ist so geschaffen, das sich ein Liegeradfahrer im Verlauf seiner vierwöchigen Tour verständigen kann. Bei der Auslegung von Regeln zeigt man sich flexibel, im Zweifel kann man über alles reden. Und wenn man irgendwohin möchte, hebt man die Hand und lässt sich von einem *Dolmuş* mitnehmen. Einfachheit ist eine Tugend, ein Ziel, ein Wert an sich. Ihr wohnt eine besondere Schönheit inne. Die Sternstunden der Menschheit kennzeichnen sich dadurch, dass sie einfach sind: die Erfindung des Rads, »alles fließt«, $E=mc^2$.

Vielleicht hilft der Pragmatismus beim Dauerspagat, den die Türkei schon so lange übt, dass die Pose kaum noch wehtut. Seit jeher befindet sich die türkische Nation zwischen Orient und Okzident, Arabien und Europa, Vergangenheit und Moderne, Frömmigkeit und Fortschrittsgläubigkeit. Das Land drückt Einwanderer aus Anatolien in die westlich gelegenen Städte, diese schlagen zurück und breiten sich konzentrisch in die Landschaften aus. Ist das ein gegenseitiges Verschlingen, Orient gegen Okzident? Bleibt dabei etwas auf der Strecke? Oder entsteht Neues, wenn Gegensätze aufeinanderprallen, wie Heraklit es vermutete? Was aber wird geschaffen durch das ständige Ineinanderweben von Stadt und Land, West und Ost, Tradition und Hypermoderne?

Vermutlich überall etwas anderes: Die Türkei besteht aus unzähligen Mikrowelten. Manchmal strampelte ich zwanzig Kilometer vorwärts und befand mich unvermittelt in einer anderen Klimazone. In Kappadokien, Zwischenstopp auf meinem Weg nach İstanbul und in jeglicher Hinsicht eine Besonderheit, fuhr ich im Heißluftballon über eine urtümliche Tufflandschaft. Bei Sonnenaufgang erhoben sich einhundert Ballone und schwebten wie riesige Tropfen über dem Vulkangebiet. Unter uns erstreckten sich eingravierte Täler, immer wieder unterbrochen von Felsen, denen die Erosion Hüte aufgesetzt hat. Christen haben Wohnungen und Kirchen in das weiche Gestein gegraben und unterirdische Städte für Tausende Menschen angelegt. Von oben betrachtet mutet Kappadokien surreal an, als sei es nicht von dieser Welt. Gleichzeitig strahlt es eine solche Schönheit aus, dass man sich als Ballonfahrer ungläubig die Augen reibt.

Nur einige Busstunden entfernt wartet die Türkei mit einer völlig anderen Attraktion auf. Der beginnende Verkehrsinfarkt kündigt eine Metropole an, die größer ist als alle Hauptstädte Europas. İstanbul, ehemals Konstantinopel und noch ehemaliger Byzanz, ist Sinnbild für Urbanität, für potenziertes städtisches Leben. Wie jede Metropole vereint es verschiedenste Lebensentwürfe auf engstem Raum. Frauen in tragbaren Gefängnissen sitzen im Vorortzug neben Minirockträgerinnen. Erfahrungshungrige Jugendliche treffen hier auf tiefgläubige Turbanträger. Kurdische Schuhputzer bringen den Lack türkischer Bauherren zum Glänzen.

Auf geht's also, »is tin polin«, »in die Stadt«! So soll der Schlachtruf der Osmanen gelautet haben, ehe sie Konstantinopel eroberten und zu İstanbul machten.

Heute jedoch wird unser Eroberungsdrang gebremst: Wir stehen im Stau. Es sollte noch knapp drei Stunden dauern, ehe wir unser Ziel erreichen. Bosch und BMW, dann auch Rossmann und RWE reihen sich zu meiner Rechten und Linken auf. Die Sonne verabschiedet sich; die Muezzins übertönen einander beim Ruf zum Nachtgebet: »Allaaaahhhhuuu akbar!« – »Gott ist groß! Ich bezeuge, dass es keinen Gott gibt außer Gott. Ich bezeuge, dass Mohammed Gottes Gesandter ist. Kommt zum Gebet! Kommt zur Erlösung! Gott ist groß! Es gibt keinen Gott außer Gott.«

In İstanbuls Zentrum dagegen sind die Rufe der Muezzins zu einer von Touristen bestaunten Folklore geworden. Allerorten würde man mich dort auf Englisch anquatschen und mit Nachdruck versuchen, mich auf touristischen Pfaden zu halten. İstanbul ist eine aufdringliche Stadt; sie zwingt Gästen ihren Rhythmus auf, die Hektik der Basare, den stampfenden Beat einer Millionenmetropole. Wie alle Schmelztiegel ist auch İstanbul eng, laut und stickig. Aber eben auch schillernd, faszinierend und bis zum Rand gefüllt mit den Erwartungen, Sehnsüchten und Illusionen ihrer unfassbaren fünfzehn Millionen Einwohner.

İstanbul strahlt aus in seine Umgebung und weit hinein nach Europa, doch es ist nicht alles Gold, was glänzt. Vor uns zuckt Blaulicht; zwei Polizisten steigen in den Bus und kontrollieren unsere Papiere. In der letzten Reihe wird ein dünner, blasser Mann herausgezerrt. Die beiden Staatsdiener eskortieren ihn zum Polizeiauto und stoßen ihn hinein. »Was hat er denn angestellt?«, flüstere ich meinem Sitznachbarn zu. Seine Antwort ist lapidar: »Er wollte nicht kämpfen.« Dabei macht er eine wegwerfende Handbewegung, als sei das alles nicht der Rede wert. Deserteure werden in der Türkei hart bestraft; auch das ist eine Realität in diesem Flickenteppich unterschiedlichster Kulturen und Mentalitäten, den die jeweils Herrschenden so gern einheitlich und gleichgeschaltet hätten.

Die zehn Millionen Besucher, die jährlich nach İstanbul strömen, bekommen davon wenig mit. Hier finden sie eine globale, mit »muselmanischem« Lokalkolorit angereicherte Einkaufsmeile vor. İstanbul wandelt sich dabei derart radikal, dass man glauben könnte, es handelte sich um ein Experiment: Kann man eine Stadt einreißen und an ihrer Stelle eine neue errichten? Sechseinhalbtausend Euro pro Quadratmeter kosten hier inzwischen die Büros. İstanbul gehört mittlerweile den Baufirmen; die Spekulation mit schwindelerregenden Gewinnspannen macht manche sehr reich. Die Armen müssen dem Bauboom weichen. Das Roma-Viertel *Sulukule*, eines der ältesten Europas, wurde bereits geräumt. In *Tarlabaşı*, dem größten Slum der Stadt, in dem Kurden neben afrikanischen Flüchtlingen wohnen, macht man derzeit eine Hütte nach der anderen dem Erdboden gleich. Das Gesetz zum Erdbebenschutz macht es möglich. Statt der Hütten zieht man in Windeseile überdimensionierte Wohnblocks in die Höhe. Dem Kopfsteinpflaster, einst eines der Aushängeschilder İstanbuls, rückt man an allen Ecken der Stadt zu Leibe: Es ist zwar nett anzuschauen, stört aber die ausländischen Damen, wenn sie in Stöckelschuhen einkaufen wollen.

»Urbane Umwandlung« nennen das die Offiziellen, und diese bringt mit sich, dass mancherorts die Mieten explodieren und weniger wohlhabende Einwohner in die charakterlosen Randbezirke zwingen – fernab der Touristen, die durchs Zentrum der »coolsten Stadt Europas« (»Newsweek«) schlendern und für den nötigen Geldfluss sorgen. Denn İstanbul hat noch viel vor: eine dritte Brücke über den Bosporus, Hotels im historischen Bahnhof *Haydarpaşa* und, wer weiß, vielleicht gar ein zweiter Bosporus, geschaffen von einem Kanal zwischen dem Schwarzen Meer und dem Marmarameer.

Ja, İstanbul wirft sich in Pose; es strotzt vor Kraft und Dynamik. Das wird mir spätestens klar, als unser Reisebus ins quirlige Stadtzentrum zuckelt. Und nein, das Landestypische würde ich hier nicht mehr finden. Das ist in den Dörfern und Kleinstädten zuhause, dort, wo man sich Zeit nimmt für Begegnungen. In den zurückliegenden viereinhalb Wochen habe ich es kennengelernt und vollauf genossen. Nicht zuletzt darum ist meine letzte Fahrradreise trotz Garfields Faulheit bei den Aufstiegen und seines Übermuts bei den Abfahrten zu einem guten Ende gelangt. Ich freue mich, aufzeigen zu können, dass etwas machbar ist, das man mir vorab nicht zugetraut hat.

Schnaufend kommt der Reisebus am *Esenler*-Bahnhof von İstanbul zum Stehen. Schon stürzen Taxifahrer herbei, flankiert von Verkäufern und Zettelverteilern. Ich aber blicke gelassen durchs Fenster und lächele noch immer, Nachwirkungen meiner Reise, in mich hinein.

Alles hat seine Zeit. Ich habe meine genutzt.

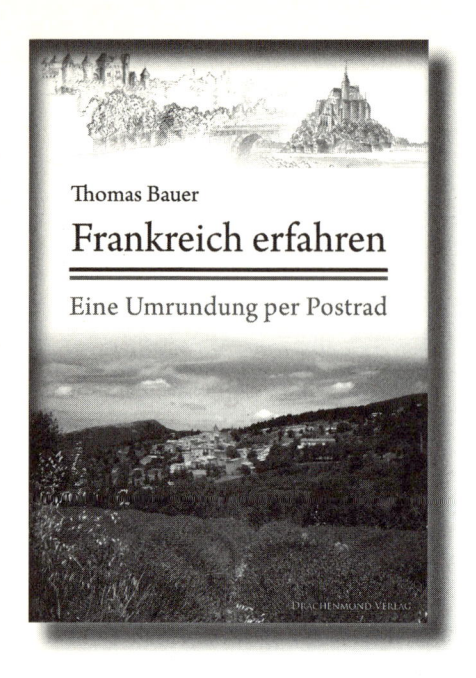

Thomas Bauer
Frankreich erfahren
Eine Umrundung per Postrad

illustriert von Johanna Meyer
Drachenmond Verlag
Softcover, Oktober 2012
288 Seiten
8 s/w Zeichnungen & Karte
ISBN: 978-3-931989-73-6
Preis: 14,90 €

Strampeln, wo andere Urlaub machen …

Baguette, Bordeaux und Baskenmütze: Kein Land der Welt ist derart mit Klischees besetzt wie Frankreich. Reisebuchautor Thomas Bauer hat die Grande Nation anders kennengelernt. Seine Reise ist ebenso spektakulär wie naheliegend, eine Tour de France der besonderen Art: Auf einem Postrad samt Anhänger ist er um Frankreich herumgefahren. An den Rändern des Hexagons hat er die Eigenheiten der Provence und des Elsass', die Wucht der Alpen und der Pyrenäen, die Vorzüge der Bretagne und der Atlantikküste besonders intensiv „erfahren". Anhand seiner Begegnungen mit der französischen Lebensart beschreibt er ein eigensinniges und liebenswertes Land, das ihm seit jeher vertraut ist und ihn doch bei jedem Besuch von Neuem überrascht. Folgen Sie Thomas Bauer in das spannendste Land Europas!

Die Reisebücher von Thomas Bauer

2500 Kilometer zu Fuß durch Europa
Auf Jakobswegen vom Bodensee zum »Ende der Welt«
Wiesenburg, 4. Auflage 2008, ISBN 9783937101866
168 Seiten inkl. Karten, Farbfotos & Pilgerstempel

Ostwärts – Zweitausend Kilometer Donau
Mit dem Paddelboot zum Schwarzen Meer
Wiesenburg, 4. Auflage 2012, ISBN 9783940756008
204 Seiten inkl. Karte, Farbfotostrecke

Die Gesichter Südamerikas
Eine Abenteuerreise durch Argentinien, Chile, Bolivien, Peru und Kolumbien
Wiesenburg, 6. Auflage 2013, ISBN 9783940756459
354 Seiten, Sonderformat mit über 100 Farbfotos

Wo die Puszta den Himmel berührt
Auf Umwegen durch Ungarn
Herbig, 1. Auflage 2007, ISBN 9783776625127
226 Seiten inkl. Karte und 43 Fotos

Vientiane – Singapur
Per Rikscha durch Südostasien
Schardt, 1. Auflage 2010, ISBN 9783898415132
160 Seiten inkl. Karte & Farbfotostrecke

Nurbu – Im Reich des Schneeleoparden
Auf Spurensuche im Himalaya
Wiesenburg, 1. Auflage 2012, ISBN 9783942063890
160 Seiten inkl. Zeichnungen und Farbbildstrecke

Mush! Grönland per Hundeschlitten
Wiesenburg, 1. Auflage 2013, ISBN 978-3943528800
236 Seiten inkl. Farbfotostrecke

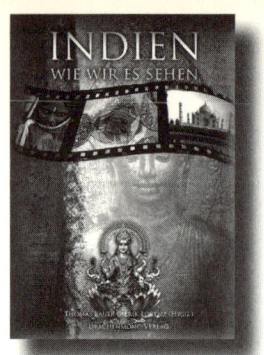

Thomas Bauer & Erik Lorenz (Hrsg.)
Indien, wie wir es sehen
ISBN: 978-3-931989-84-2
244 S., Klappenbroschur, 8/2013 14,90 €

12 Reisende, Zugewanderte und Pilger erzählen von ihren Erlebnissen

Indien enthält Welten. Vom schneebedeckten Himalaya zu den Sandstränden des Indischen Ozeans, von jahrtausendealten Yogastellungen zu flirrenden Megacities reicht der Bogen, den der Subkontinent aufspannt. Die Autoren dieses Buches haben sich auf das Wagnis Indien eingelassen, es erkundet und zu verstehen versucht. Ihre Geschichten zeigen die unterschiedlichen Facetten dieses vielschichtigen Landes.

»Wer Indien entdecken will, der muss es spüren und begreifen. Indien wie wir es sehen kommt einer Entdeckungsreise gleich, spürt und begreift man doch den Subkontinent in seiner ganzen Vielfalt dank der Erzählungen erfahrener Indienkenner, die allesamt ihren ganz individuellen Blick auf das Land haben.«
Martin Brückner, Herausgeber von Asia Bridge

Erik Lorenz & Thomas Bauer (Hrsg.)
Australien, wie wir es sehen
ISBN: 978-3-931989-85-9
320 S., Klappenbroschur, 8/2013, 14,90 €

18 Einheimische, Zugewanderte und Reisende erzählen von ihrem Down Under

Mit seiner einzigartigen Mischung aus rauer Wildnis und multikulturellen Metropolen fasziniert Australien Menschen in aller Welt. Schlangenjagden mit Aborigines, Weihnachten am Strand, Streifzüge mit einem Tierzirkus und monatelange Wanderungen durchs Outback. All das ist in Australien möglich, und all das und noch mehr findet sich in diesem Buch mit seinen Geschichten über Reisen, Abenteuer und das Leben selbst Geschichten, in denen Australien lebendig wird.

»An der Seite der Autoren spürt, entdeckt und begreift der Leser Australien. Die unterschiedlichen Blickwinkel, aus denen das vielseitige Land betrachtet wird, machen dieses Buch zu der lehrreichen und unterhaltsamen Schatzkiste, die es ist.«
Roland Dusik, DuMont Reiseführer Australien